사랑안에 불려가 있네

위대한 영혼을 위한 깨달음의 잠언집

사람 안에 울려가 있네

一指 이승헌 지음

한문화

율려는 얼의 움직임,
우주에 수놓인 얼의 그림이다.
우리 안에 깃들인 생명의 리듬이다.
율려를 잃어버림으로써
인류는 우주와 연결된 탯줄을 끊고
스스로 자연에게서 멀어졌다.
이제 그 율려를 회복해야 할 시간이다.

차 례

8 서문

12 지금 여기의 행복

40 진리는 오직 느낄 뿐이다

56 율려는 배우는 것이 아니라 터득하는 것

76 측은지심을 품은 큰 사랑을 하라

102 우리는 어디서 왔는가

124 생명의 리듬에 몸을 맡겨라

146 심장의 고동소리

158 보이는 눈 들리는 귀

176 생명의 참의미를 자각한 삶

서 문

율려란 무엇인가?

율려는 생명의 본질이다.

율려는 끊임없는 생명의 진동 속에서 터져 나온 우주의 음악이다. 머리카락 한 올도 움직이지 않을 것 같은 고요한 명상의 순간에도 온몸에서 생명의 진동이 일어나고 있다. 그 리듬을 자각하는 순간 우리에게는 근원적인 '앎'이 일어난다.

율려는 본래부터 우리 몸 속에 존재하는 것이다. 우리가 먹고, 숨쉬고, 걷고 활동하는 모든 것 속에 율려가 있다. 우리 몸 속에 흐르는 도도한 생명의 에너지, 율려를 느껴보라. 사상이나 이데올로기, 지식이나 관념 등은 모두 참 생명의 그림자일뿐이다.

우리는 생명의 그림자에 매달려서는 안 된다. 그 모든 것을 넘어서서 생명의 맥을 잡아야 한다. 이 핏줄에서 저 핏

줄로 붉은 피가 뛰어가는 힘, 규칙적으로 숨을 들이쉬고 내쉬는 리듬, 보고 듣고 감촉하는 행위 하나하나가 모두 생명의 율동이다.

생명은 스스로의 힘으로 자신의 질서를 유지한다. 우리는 생명의 소유자가 아니다. 단지 우리가 알 수 있는 것은 이 생명을 쓸 수 있다는 것뿐이다.

이 생명을 어떻게 쓸 것인가?

이 생명을 밝게 쓸 것인가, 어둡게 쓸 것인가?

이 생명을 어디에 집중할 것인가?

오직 이것만이 문제가 된다.

나는 이 책을 보는 모든 독자가 자기 안에 존재하는 참 생명의 힘을 믿고, 그것을 온전히 쓸 수 있기를 희망한다. 자기 몸과 목소리의 진동을 통해서, 자기 몸의 내장이 흔들흔들하고 공기가 흔들흔들하는 진동을 통해서 좀더 자주 율려를 만날 수 있기를 바란다. 생각이 끊어지고 오직 진동에만 몰두하고 있는 그 상태, 거기서 여러분은 지금까지 한번도 듣지 못한 내면의 소리를 듣게 될 것이고 새로운 삶을 창조하게 될 것이다.

2007년 8월 세도나에서

—指 이승헌

지금 여기의 행복

행복의 조건

사람들은 행복을 위해서는 많은 조건을 갖추어야 한다고 생각한다. 대학에 가야 한다, 결혼을 잘해야 한다, 좋은 직장에 다녀야 한다, 사람들로부터 존경을 받아야 한다…. 그러나 행복을 위한 조건을 갖추지 못해서 행복하지 않다면 뭔가 잘못된 일이다. 어떤 사람들은 행복의 조건이 모두 갖춰져야만 비로소 행복할 거라고 생각한다. 심지어 그렇게 될 때까지는 감히 행복할 수 없다고 생각하고 목을 뺀 채 자신에게 찾아올 행복을 기다린다. 그래서 행복하다는 느낌조차 부정하려고 한다. 나는 아직 부족하다, 아직은 뭔가 모자란다고 이야기한다. 그들에게선 행복한 표정을 찾아볼 수 없다. 항상 어둡고 심각하다.

많은 사람들이 조건의 감옥 속에서 살아가고 있다. 현실에서의 행복이 아니라 관념 속의 행복을 이루기 위해 살아간다. 그러나 율려를 아는 사람은 행복의 조건을 따지지 않는다. 그에게는 조건이 필요 없다. 다만 지금의 행복이 중요하다. 인생이란 오직 지금 이 순간에만 존재하는 것이다. 사람들은 과거에 살고 미래에 살고 관념 속에서 산다. 누군가와 대화를 하는 순간마저도 상대방을 바라보지 않고 자기의 관념 속에 빠져있다. 대화를 하는 것이 아니라 자기의 관념 속에 누군가를 초대해놓고 독백을 한다. 그에게는 지금은 없고 환상만 있다. 미래에 대한 바람과 과거의 추억 속에 지금을 묻어버리고 산다. 사람들은 너무 자주 미래의 단꿈에 취하고 과거의 추억 속으로 빠져든다. 미래와 과거로 도망감으로써 지금을 잃어버린다. '지금은 행복하지 못하지만 모든 조건이 충족되면 언젠가는 나도 행복해지겠지' 하고 생각한다.

지금 행복하지 못한 사람은 미래에도 행복할 수 없다. 미래 역시 그 순간에는 바로 지금이기 때문이다. 지금의 소중함을 모르는 사람은 진정한 행복을 모른다. 찰나, 찰나… 오로지 지금 이 순간만이 현실이다. 과거와 미래는 모두 환상일 뿐이다. 지금을 잃어버린 삶이라면 그 삶은 죽은 삶이나 마찬가지이다. 지금을 모르는 사람은 율려를 알 수 없다.

참자기

참 행복과 기쁨은 현재의 참자기를 느끼고 실현할 때 온다. 참자기에게는 과거도 없고 미래도 없다. 오직 지금밖에 없다. 그 지금이 커지고 커져서 과거와 미래까지 환히 넘치게 해야 한다. 참 행복과 기쁨은 담대한 마음으로 인생의 모든 어려움을 극복하게 해주고 스스로를 키워나가는 큰 힘이 된다.

참자기를 느끼고 실현한 사람은 커피 한 잔을 마시든 어떤 사람과 대화를 나누든 하찮은 일을 하든 기쁨이 가득하다. 누군가 내 행복의 조건을 만족시켜주었기 때문에 기쁜 것이 아니다. 가슴속 깊이 생명으로부터 울려나오는 환희심과 기쁨 때문이다. 참자기를 찾은 사람에게는 존재 자체가 기쁨이다. 율려에 녹아듦이다.

찰나지간

우리는 지금 속에서 참자기를 만날 수 있다. 지금 당장 생존의 문제로 허덕이고 있는데, 몸이 아픈데, 누가 미워죽겠는데 어떻게 행복을 권하느냐고 호소하지 마라. 지금 속에는 실패로 인한 고통도, 병으로 인한 아픔도, 걱정도 근심도, 아무것도 존재하지 않는다. 그것들은 다만 과거의 기억일 뿐이다. 착각과 환상이다. 초秒로도 잴 수 없는 지금이라는 시간에는 그 어떤 것도 끼여들 수 없다. 지금의 의미를 정확하게 알게 되면 우리에게는 환희심만 있다. 우주에 대한 자각과 자신에 대한 깨달음으로부터 오는 환희…. 시간의 개념으로는 잴 수 없는 찰나지간 속에서 우리는 영원과 만나고 율려와 만난다.

늘 처음

늘 똑같은 일을 되풀이하고 똑같은 사람을 만나는 이들은 '지금'이 무슨 소용이냐고 물을지도 모른다. 그러나 '똑같다'는 것은 착각이다. 우리는 무엇이든지 두 번 이상 반복할 수 없다. 우리에겐 늘 처음만 있다. 어제는 지나간 것이다. 우리는 늘 다른 곳에 있고 다른 일을 하고 다른 사람을 만난다.

참행복

참자기로부터의 행복을 느끼는 사람은 스스로 평화와 행복을 창조할 수 있는 큰 힘을 지니고 있다. 죽음도 그를 어쩌지는 못한다. 물론 그의 인생에도 장애는 있다. 그러나 그에게 장애는 작고 편안함은 크다. 장애를 이길 수 있는 큰 힘, 참행복을 지녔기 때문이다. 반면, 늘 피해의식과 관념에 싸여있는 사람에게는 장애는 크고 자신은 너무나 작고 초라하다. 그는 남에게 끊임없이 무언가를 보여주고 떠든다. 혼자 있으면 불안하고 초조해 한다.

자기를 바라보는 시간을 가져야 한다. 참자기를 깨달아야 한다. 자기 안에 위대한 생명력, 참행복의 큰 힘, 즉 율려가 있다는 것을 믿어야 한다. 자기 안의 생명력을 키워나가는 일은 지식으로 되는 것이 아니다. 그것은 느낌으로서, 체험하고 나누고 확장함으로써 가능하다.

지금 이 순간

참행복은 어디에 있는가? 행복은 조건에 있는 것이 아니다. 미래나 과거에 있는 것도 아니다. 그런 것들에 우리의 영혼을 맡겨서는 안 된다. 지금 이 순간부터 행복하기로 하자. 무슨 생각이 그렇게 많은가. 무엇을 기다리고 있는가. 지금 당장 행복해질 수 있는데 왜 행복한 일이 안 생길까 고민하며 기다리는가. 어느 누구도 나의 행복을 가로막지 않는다. 지금 당장 행복할 수 있다.

행복은 조건이 필요 없는 것이다. 모든 생명은 그 자체로 아무런 부족함이 없이 완전하며 그 자체로 행복하다. 존재하는 것은 오직 지금뿐이다. 무엇인가 새로움이 필요하다면 바로 지금 변화해야 한다. 만약 이기적인 삶에서 벗어나 큰 이상과 꿈을 위해 살고 싶다면 계산하지 말고 바로 지금 그 길로 걸어가라. 어떤 공도, 어떠한 명예도 바라지 않고 자기가 선택한 길을 갈 때 찬란한 고독을 맛보게 되고, 그 속에서 큰 밝음을 보게 된다. 참행복을 얻게 된다.

행복의 원천

누군가 자신을 연주해줄 때까지 기다리지 말라. 우리 스스로 악사가 되어야 한다. 남이 하는 대로 따라서 소리를 내는 인생은 불행하다. 자기를 행복하게 해줄 사람을 기다리지 말라. 스스로 자기 인생을 연주해야 한다. 목마른 해바라기 인생을 살지 말라. 누군가 어떻게 해주기를 기다려서는 안 된다. 스스로 자신의 인생을 '쨍' 소리가 나도록 튕겨주어야 한다. 더 이상 사랑과 행복을 구걸해서는 안 된다. 우리는 날마다 꺼내 써도 끝이 없는 사랑의 은행을 가지고 있다. 언제든지 필요할 때 꺼내 쓰기만 하면 된다. 그 은행은 영원히 부도가 날 일도 없다. 그런데도 사람들은 자기 통장의 잔고가 바닥이라도 난 듯이 늘 남의 사랑을 뺏거나 얻어오려고 애쓴다. 행복의 원천이 자기 안에 있지 않으면 항상 무엇엔가 연연하게 된다.

나의 가치

내가 스스로를 인정하는 것만큼 다른 사람들도 나를 인정한다. 자신을 자꾸 평가절하 하면 다른 사람들도 그렇게 한다. 자기 자신을 우습게 보지 말라. 나는 아주 귀중한 사람이다. 나의 가치는 말로 표현할 수 없을 만큼 크고 귀하다. 인간은 누구나 위대하고 신령스럽고 거룩한 존재이다.

외로움

율려는 역동적인 균형, 살아 움직이는 밸런스와 리듬이다. 그 균형감각을 잃었을 때 우리는 외로움을 느낀다. 외로움은 불안을 불러오고 불안은 내면으로 침잠하는 시간을 빼앗아가며 우리를 자꾸 밖으로 내몬다. 어디 재미있는 영화 없나, 어디 멋있는 스타 없나, 어디 맛있는 음식 없나, 어디 나를 행복하게 해줄 사람 없나… 수많은 우상들이 외로운 사람들의 마음을 빼앗아간다.

이제 여러 우상들에게 바쳤던 열광을 거두어 조용히 자기 내부로 눈을 돌려야 한다. 어려운 일이 아니다. 식탁 위에 놓여있는 소금을 국에 집어넣는 것만큼이나 쉬운 일이다. 소금은 손만 뻗으면 될 정도로 가까운 데 얼마든지 있다. 인생이 싱겁다고, 외롭고 불안하다고 거리를 헤매며 자극적인 양념을 찾아다닐 필요가 없다. 자신의 인생에 직접 소금을 집어넣어 행복을 요리하면 된다.

그냥 그 자리

정서의 리듬과 밸런스, 즉 율려가 깨지면 세상을 제대로 볼 수 없다. 명상을 통해 마음의 안정을 찾으면 그때 자신 안에 있는 사랑과 평화가 보이기 시작한다. 사랑과 평화에는 조건이 없다. 원래부터 그냥 그 자리에 있는 것이다. 다만 자신의 상태에 따라 느껴지고 안 느껴지고 할 뿐이다. 정서의 리듬과 밸런스를 회복하면 자신 안에 정말로 귀한 것이 있음을 알게 된다. 그때 다른 사람보다 작은 집에 살고 다른 사람이 진수성찬을 즐길 때 보리밥 한 그릇, 나물 한 가지를 앞에 두고 있더라도 당당할 수 있다.

생명의 힘

머리로 생각만 해서는 해결되는 일은 아무것도 없다. 직접 부딪치는 것이 중요하다. 율려를 아는 사람은 모험을 두려워하지 않는다. 모험을 하다보면 때론 실수할 수도 있다. 그러나 인간은 실수를 통해서 배운다. 부딪쳐보기도 전에 '이건 안 되는데', '저건 안 되는데' 하며 관념 속에 살면 영원히 그것밖에는 볼 수 없다. 자기 안에서 약동하는 무한한 생명의 힘을 믿고 일단 부딪쳐보라. 자신의 한계를 무한대로 키워나가라.

놓아버리기

문제 없는 인생이란 없다. 문제가 있기 때문에 그것을 해결하기 위해 이 세상에 온 것이 아닌가. 장애를 두려워하지 말라. 장애가 많다는 것은 그만큼 행복의 열매도 많다는 것을 의미한다. 장애는 해결하면 기쁨이 되기 때문이다. 모든 걱정과 근심과 병은 자신이 움켜잡고 있다는 것을 알아야 한다. 전부 자신이 붙들고 있는 것이다. 과감히 놓아버리면 모두 사라진다. 좋지 않은 감정이나 기억을 가지고 있다면 지금 당장 놓아버려라. 단칼에 뿌리까지 잘라버려라. 모든 걱정과 근심과 병의 뿌리는 바로 나 자신이다. 자신이 그것을 놓아버리지 않는 한 걱정과 근심과 병은 사라지지 않는다.

내 것

우리의 몸은 자동차와 같다. 자동차는 목적지까지 가는 데 필요한 도구이다. 몸 역시 우리가 살아가는 데 필요한 도구이다. 몸은 내가 아니라 내 것이다. 몸을 관리하는 것은 정신이다. 몸에 탈이 났다면 먼저 몸을 관리하고 있는 자기의 정신을 불러 맹렬히 꾸짖어야 한다. 정신이 빠진 채 살아가면 몸은 계속 아플 수밖에 없다. 그런 사람에게 약국과 병원은 임시방편일 뿐이다. 상처에 일회용 밴드를 갖다 붙인 것에 지나지 않는다.

무無

나는 없다. 무無다. 백지다. 그 백지 위에 여러 가지 그림이 그려진다. 여러 가지 생각들이 와서, 선한 생각도 악한 생각도 와서 그림을 그린다. 백지란 원래 좋고 나쁨이 없다. 그냥 백지일 뿐이다. 거기에 좋은 그림을 그리면 좋아지고 나쁜 그림을 그리면 나빠진다. 중요한 것은 백지의 주인은 바로 나라는 점이다. 나는 스스로 선택할 수 있는 무인 것이다. 좋은 생각도 끌어들일 수 있고 나쁜 생각도 끌어들일 수 있다.

무한대의 백지

사람들은 어느 한 순간의 그림을 자기라고 착각하고 상처를 받는다. 그러나 그것은 지울 수 있는 그림이다. 자신에게 허락된 그림이 단 한 장뿐이라고 생각하고 있는가? 우리는 그림을 무한대로 그릴 수 있다. 우리에겐 무한대의 백지가 있다. 그림이 안 지워지면 찢어버리면 그만이다. 그러면 또 다른 그림이 나온다. 어딘가에 새로운 내가 있다. 나는 항상 백지이다. 그림을 그렸다, 지웠다 수백 번도 더 할 수 있는 깨끗한 백지다.

진아眞我

과거나 미래가 아닌 지금 여기에서 매일 새로운 행복의 꽃을 피워야 한다. 평소에 행복의 꽃을 많이 피운 사람은 웬만한 스트레스에도 흔들리지 않는다. 그냥 웃으면서 지나갈 수 있다. 도력이 높아서가 아니다. 누구나 하고자 하면 할 수 있다. 깨달아서 되는 것도 아니다. 웃으면서 사는 데 무슨 특별한 도력이 있으며 깨달음이 있겠는가. 우리는 진아眞我 그 자체이고 빛 자체인데, 기쁨과 사랑의 파동인 율려가 우리 안에 있는데….

삶의 의미

삶의 의미란 없다. 이때 없다는 것은 있다, 없다 할 때의 그 상대적인 없음이 아니라 '절대적인 무'의 세계이다. 참다운 무를 깨달았을 때 진정으로 우주의 생명력을 받아들일 수가 있다. 자기가 완전히 사라졌을 때에야 홀로 시작도 끝도 없이 존재하는 율려가, 우주의 대생명력이 비로소 우리에게 와 닿는다. 스스로 '나는 이런 사람이다', '나는 이렇게 살아야 한다'고 정해 놓으면 삶이 힘들어진다. 돈과 명예도 얻어야 하겠고, 권력도 얻어야 하겠고, 아름다운 사람이 되고 싶고 또 그 아름다움을 언제까지나 지키고 싶고…. 그런데 원하는 대로 안 되니까 여러 가지 번뇌와 망상이 생긴다.

인생이란

진정 '무'의 의미를 알고 오로지 홀로 존재하는 천지기운과 천지마음이 이 세상에 실현될 수 있는 일을 한다면 그것은 우리 자신이 아니라 하늘이 하는 일이다. 천지마음이 하는 일이다. 하늘이 하는 일을 방해하는 것이 바로 '자기'이다. 자기의 의미가 무라는 것을 모르고 스스로가 굉장한 의미가 있는 것처럼 착각할 때, 그때 잘못된 자기를 실현하기 위해서, 자기 자신을 지키기 위해서 분열이 일어나고 배신을 하고 모함을 하게 된다. 철저하게 삶은 의미가 없는 것임을 깨달아야 한다. 인생이라는 것은 원래 의미가 없다. 죽는다고 해도 달라질 것이 없고 내가 이 세상에 태어나지 않았다고 해도 달라질 것이 없다.

깨달음

무의 이치를 깨닫는 순간 인간은 영적靈的으로 크게 성장한다. 그러한 의미 없음, 무의 자리에서 무언가 뜻을 세운다는 데 의미가 있다. 무의 의미를 잘못 이해하면 '삶은 의미가 없는 것인데 무슨 의욕을 갖고 살겠는가' 하며 은둔한 채 혼자 살려고 한다. 무의 의미를 제대로 알기가 그만큼 힘이 드는 것이다. 공空과 무의 자리에서 무한한 우주의 생명력이, 율려가 자기를 통해 실현된다는 사실을 알 때 진정한 깨달음이 온다.

집착 버리기

세상은, 삶은 그냥 놀다가 가는 것이다. 하지만 이왕이면 의미 있고 좋은 놀이를 하다 가야 한다. 진짜로 잘 놀려면 자기에 대한 집착부터 버려야 한다. 자기가 살아있으면 남의 눈치를 보고 또 자기 눈치를 보느라 제대로 놀 수가 없다. 힘들고 갈등이 생길 때는 고민하지 말고 '무', 이 한 자를 떠올려 보라.

존재

인간은 누구나 이 세상에 왔다 간다. 그것도 혼자 왔다가 혼자서 간다. 인간은 원래 외로운 존재이다. 외로운 존재인 것을 뚫어지게 알고 세상을 보아야 한다. 인생이 결국은 혼자의 길임을 자각하지 못하다가 외롭다는 것을 알고는 가슴 아파하는 사람들이 많다. 어떤 일에 몰두하거나 어떤 집착에 빠져 있을 때는 잠시 외로움을 잊을 수 있다. 그러나 본래 자연의 모습은 외로운 것이다.

찬란한 고독

정말로 외로운 것을 아는 사람은 담대하다. 정말로 외로운 것을 아는 사람은 자신이 있다. 원래 외로운 것임을 알기 때문에, 진실을 알기 때문에 힘이 있다. 그러나 그 진실을 모르고, 외롭지 않으려고 발버둥치는 사람은 쉽게 약해진다. 그가 알고 있는 뿌리는 가짜이기 때문에 힘이 없다. 율려를 아는 이는 외로움에 안식을 얻는다. 그 찬란한 고독 속에서 진정한 평화와 사랑과 조화가 나온다. 홀로 있으되 모두와 있는 자리, 하나이되 동시에 전부인 자리에 서있게 된다.

생과 사

마음이 불편한 데에는 세 가지 이유가 있다. 첫째가 몸이 아픈 것이다. 몸이 불편하면 마음이 불편하게 되어 있다. 둘째가 마음속에 미움이 있을 때이다. 남을 미워하는 마음이 있으면 자연히 숨이 거칠어진다. 셋째가 자기 존재에 대한 걱정이다. 나는 이것이야말로 가장 어리석은 걱정이라고 생각한다. 하늘을 나는 새도, 들에 핀 꽃도 무엇을 먹을까, 어떻게 겨울을 날까 걱정하지 않는다. 자연이 모든 것을 알아서 해결해주기 때문이다. 오직 사람만이 삶에 대해 걱정한다. 우리는 태어나고 싶어서 태어난 것이 아니다. 우리의 심장은 뛰라고 명령을 해서 뛰는 것이 아니다. 생生과 사死가 어디 사람의 뜻 속에 있는가. 아직 오지 않은 미래를 걱정한다고 무엇이 해결되는가. 인간의 권한 밖에 있는 문제이다. 대자연이 주관하는 일이다.

진리는 오직 느낄 뿐이다

내 몸이 최고의 악기

나에게는 여러 가지 악기가 있다. 그 중에 빈 상자처럼 생긴 악기가 있는데 이름은 타포이다. 벌레 먹은 통나무에서 나는 소리에 반한 인디언들이 신성한 의식이 있을 때 나 먼 거리의 의사소통 수단으로 쓰던 악기라 한다. 두드리면 깊고 울림이 큰 소리가 난다.

또 대나무를 쪼개어 만든 베트남 악기도 있다. 이름은 단트렁인데 소리가 맑고 청아하다. 북, 징, 꽹과리, 인디언 피리와 하프… 내가 연주하고 있는 이 악기들의 연주법을 나는 한 번도 배워본 적이 없다. 어떤 악기는 이름도 알지 못한다. 어느 날 나는 이 악기들이 내 몸과 전혀 다르지 않다는 생각을 하게 되었다. 나는 평소에 내 몸을 악기라 생각하며 노래부르고 두드리곤 했는데 그런 생각으로 악기들을 연주하니 아름다운 음악이 되었다. 나는 이 악기들을 배워본 적이 없기 때문에 내 연주법이 맞는지

틀리는지조차 모른다. 그러나 신경 쓰지 않는다. 마음가는 대로 손을 놀려 두드릴 뿐이다. 내가 신경 쓰지 않으니 듣는 이들도 그저 즐거운 마음으로 듣는다. 우리 안에는 무한한 창조력과 생명력이 약동하고 있다. 나는 그것을 악기에 옮길 뿐이다. 따로 배울 필요가 없는 것이다.

이것이 꽃이다

언어를 넘어선 세계에 있는 어떤 것을 언어로 표현하는 일은 참으로 난감하다. 더구나 우리가 사용하는 대부분의 언어는 사회의 고정관념에 물들어 오염될 대로 오염된 낡고 둔한 도구이다. 말이나 글로 남은 진리에는 생명이 없다. 인간의 힘으로는 작은 꽃 한 송이, 흔한 돌멩이 하나도 만들어낼 수 없다. 진리 역시 마찬가지이다. 참다운 진리는 만들 수도 없고 가르칠 수도 없다. 진리는 언어로서 전달될 수 있는 것이 아니기 때문이다. 참다운 진리는 오로지 느낄 수 있는 것이다. "이것이 꽃이다" 하고 보여줄 수 있을 뿐이다. 단지 존재할 뿐이다. 그 이상은 결코 배울 수도 가르칠 수도 없다.

그냥 거기

율려律呂야말로 언어를 넘어선 세계에 있다. 그러므로 내게 율려를 말로 설명하라는 것은 '숨은 어떻게 쉬는가?', '물은 어떻게 마시는가?', '타포는 어떻게 두드리는가?'와 같은 질문에 답하라는 것과 같다. 나는 그냥 숨을 쉬고 그냥 물을 마시고 그냥 타포를 두드린다. 여기에 어떤 방법이 있을 수 있겠는가. 율려란 다른 어떤 것을 바탕으로 해서도 설명될 수 없는 것, 그냥 거기 있는 것이다. 그렇기 때문에 많은 부분을 비유나 은유에 의존해 설명할 수밖에 없다.

바다

바다란 무엇인가? 바다를 한 마디로 정의하기는 어렵다. 바다를 다른 존재들로부터 떼어내 독립적인 그 무엇으로 설명하기는 더더욱 어렵다. 푸른 물이 넘실대는 것이 바다인가? 바다 속을 헤엄치는 물고기, 길게 울어대는 바다새, 거칠게 달려드는 파도, 수평선에 번지는 황금빛 노을, 낚싯대를 드리운 작은 고깃배… 이 모든 것들이 바다의 한 부분을 이루고 있다.

우주 속의 모든 것이 바다를 바다로 만들고 있다. 조각조각 따로 떼어내 생각하는 것은 머리 속에서나 가능한 일이다. 실재는 그렇지 않다. 율려의 세계도 마찬가지이다. 우리가 이미 율려의 한 부분이므로 우리와 독립적으로 존재하는 율려를 상상한다는 것은 불가능하다. 우리는 율려 안에 있고 율려는 우리 안에 있다.

게임의 규칙

축구 경기를 처음 관람하는 사람이 있다. 그는 경기의 규칙을 전혀 모른다. 선수들과 공이 움직이는 것은 눈에 보이지만 게임의 규칙은 눈에 보이지 않는다. 응원가가 울려 퍼지고 땅이 뒤흔들리는 듯한 열광 속에 있다고 해도 그에게는 별다른 감흥이 없다. 그러나 경기의 규칙을 하나 둘 이해하기 시작하면서 재미를 느끼다가, 세세한 규칙까지 완전히 알게 되면 경기를 진정으로 즐기고 환호하는 관중들의 물결 속에 합류하게 된다.

변화 속의 질서

꽃이 피고 새가 운다. 봄, 여름, 가을, 겨울이 가고 또 온다. 태양은 떴다 지고 달은 차고 기운다. 수많은 자연과 우주의 변화가 눈앞에 펼쳐진다. 그러나 변화 속을 흐르는 법칙은 보이지 않는다. 율려는 변화하는 생명 속의 질서이다. 보이지 않는 우주의 질서이며 게임의 법칙이다. 게임의 법칙을 몰라도 게임은 계속되지만 법칙을 이해하는 사람만이 진정으로 게임을 즐길 수 있다.

몸으로

우리가 율려를 느끼지 못한다 하더라도 우주는 율려로 가득 차 있다. 물의 부력은 보이지도 않고 만져지지도 않는다. 그러나 우리가 수영을 할 수 있고 물고기들이 자유롭게 바다 속을 헤엄칠 수 있는 것은 부력이 있기 때문이다. 부력은 머리만으로는 이해할 수 없다. 다만 물 속에 뛰어듦으로써 그 존재를 실감할 뿐이다. 율려야말로 머리로는 알 수 없고 몸으로 체험해야만 하는 것이다.

말씀

8려 4율이니, 6율 6려니 하여 율려는 흔히 음악에서 쓰이는 말로 알려져 있다. 그러나 율려는 원래 창조의 원음이며 우주 조화의 근원을 일컫는 말이다. 성경은 태초에 하느님께서 "빛이 생겨라" 하니 빛이 생겼고 "땅에서 푸른 움이 돋아나거라" 하니 그렇게 되었다고 말하고 있다. 성경에서 천지 창조의 도구는 '말씀'이다. 그러나 여기서의 말씀은 언어 이전의 언어이다. 빛이며 소리이며 파장이다. 빅뱅의 메아리이며 창조주의 첫 날숨의 흔적이고 대통일장大通一場의 근거이다. 또한 우주의 법칙이며 창조이자 조화이고 리듬이자 밸런스이다. 그러나 이 모두를 다 합친다 해도 율려를 제대로 표현했다고 할 수 없다.

율려는 지금도 모든 생명체 속에 생명력의 실체로서 박동하고 있다. 율려는 인간의 심장을 뛰게 하고 지구를 돌게 하고 태양을 빛나게 하며 꽃이 피어나게 하고 새가 울게 하는 동일한 에너지이다. 우주에 존재하는 모든 만물은 우주의 법칙인 율려를 따라 생명력을 마음껏 발산하고 있다. 그러나 이렇게 말하고 나면 다시 어려워지고 만다. 그러므로 율려는 느껴야 한다. 직접 체험해야 한다.

우주의 음악

고동치는 심장의 소리를 듣는다. 심장의 맥박 소리…. 이것은 생명의 소리이고 우주의 음악이다. 혈관 속을 흐르는 혈액의 소리와 그들의 율동 또한 기가 막힌 음악이다. 몸은 이렇듯 24시간 연주를 하고 있다. 우리 몸 안에 있는 율려의 세계는 지극히 신비롭고 장엄하며 웅장하다. 물소리, 바람 소리, 새 소리, 나무의 흔들림, 별들의 반짝임은 율려를 연주하는 자연의 장엄한 오케스트라이다. 우주는 우리에게 율려 안에서 어우러져 살 수 있는 축복을 안겨주었다.

이화세계

율려는 생명 현상이다. 우리는 살아가는 내내 율려 안에 있다. 우리는 율려를 통해 이 세상에 태어났고 율려를 통해 이 세상을 떠나간다. 우리의 심장은 쉼 없이 뛰고 세포는 규칙적으로 숨을 쉰다. 생명이 율려의 바탕 위에서 '놀고' 있는 것이다. 율려를 극대화하는 것이 춤과 노래이다. 율려라는 생명의 법칙을 노래하면 음악이 되고 사상으로 표현하면 철학이 되며 아름다운 말로 읊으면 시가 되고 예술이 된다. 율려가 살아있는 세계, 살아 생동하는 율려를 느끼는 세계가 바로 이화세계理化世界이다.

껍데기

그 동안 우리가 배워온 지식들 - 종교, 음악, 무용, 미술 은 도리어 율려의 세계를 가로막았다. 음악이 살아있는 율려를 빼앗아갔으며 종교가 영원한 생명을 만나는 길을 가로막았다. 우리의 춤과 노래에는 율려가 빠져있다. 기계적으로 몸을 흔들어대는 춤에서는 내면에서 절로 흘러나오는 생명력을 찾아볼 수 없다. 목청 높여 부르는 노래에는 혼이 없다. 껍데기 지식과 껍데기 예술, 껍데기 놀이들 때문에 우리는 세계를 조각조각 나누어 보게 되었다. 큰 것을 보지 못하고 작은 것들에만 눈을 고정시킴으로써 우주만물의 큰 질서인 율려를 잃어버렸다.

그러나 율려는 사라진 것이 아니다. 태초부터 지금까지, 그리고 앞으로도 영원히 우주의 리듬으로서 존재할 것이다. 다만 율려를 느낄 수 있는 우리의 감각이 닫혀버렸을 뿐이다. 율려를 느낄 수 있는 감각을 잃어버림으로써 우리는 우주와 연결된 탯줄을 스스로 끊어버렸다. 율려를 잃어버림으로써 자연과 멀어졌고 다른 사람과도 멀어졌다. 율려는 보이지 않고 만져지지 않는다. 그래서 사람들은 율려를 굉장히 어렵다고 생각한다. 그러나 진리란, 참 생명이란 원래 보이지 않고 만져지지도 않는 것이다. 다만 느끼는 것이다. 그러니 백 번, 천 번 율려를 어떻게 알 수 있느냐고 물으면 백 번, 천 번 "있으니 느끼라"고 할 수밖에 없다.

율려는 배우는 것이 아니라 터득하는 것

생각을 버리고

율려는 지식으로 체득되는 것이 아니다. 그것은 무념무상無念無想의 상태, 생각이 끊어진 자리에서 터득할 수 있는 것이다. 율려 속으로 들어가려면 자신을 던지는 연습을 해야 한다. 생각을 버리고 관념을 버려야 율려 속으로 들어갈 수 있다. 율려는 배우는 것이 아니라 터득하는 것이다. 율려는 생각을 가지고는 들어갈 수 없는 세계이다. 잡념이나 사념, 이기심, 질투심, 지배와 인정의 욕구를 가지고는 율려의 세계에 들어가지 못한다. 생각을 놓아버리고 깊이 몰입했을 때 비로소 우주에 겹겹이 서려있는 율려의 한 자락을 접하고 '아!' 하게 되는 것이다. 그때 돌연 깊은 통찰의 섬광이 머리 속을, 때로는 온 몸을 가로지르는 것을 느끼고 전율하게 된다.

빈 마음

율려는 틀이 없는 가운데서 터져 나오는 것이다. 틀을 갖게 되면 그때부터 진정한 힘이 사라지고 위력이 없어지며 자꾸 겉폼만 잡게 된다. 마음이 괜히 불안하고 자신감도 없어진다. 무無에서 유有가 나온다. 아무것도 없는 빈 마음에서 시작할 때 진정한 창조가 가능하다. 우리가 부딪히는 세상은 늘 새롭기 때문이다. 기억이나 경험은 별반 도움이 되지 않는다. 오히려 틀이 되어 새롭게 보고 새롭게 도전하는 것을 가로막는다. 우리는 날마다 새로운 세상을 만나고 날마다 새로운 사람을 만난다.

체율체득

정해진 박자에 맞추어 부르는 노래는 마음을 불편하게 한다. 시비是非가 따르기 때문이다. 박자가 맞다 틀리다, 잘한다 못한다는 상대적인 평가가 따르기 때문이다. 혼자서 흥얼대는 노래에는 시비가 없다. 흥에 겨워 혼자 즐기는 것으로 족할 뿐이다. 체조도 남이 불러주는 구령에 따라서 움직이는 것보다는 몸이 원하는 대로 알아서 움직여주는 것이 가장 좋다. 우리 안의 생명력에서 자연스럽게 흘러나오는 것이기 때문이다. 율려를 몸으로 직접 체득할 때 우주와 내가 하나로 합일되는 것을 느끼게 된다. 체율체득體律體得 우아일체宇我一體인 것이다.

통通

자기를 버릴 때 무한한 창조성이 나온다. 자기에 대해 집착해서 가아假我에서 벗어나지 못하면 우주와의 교류가 끊어진다. 자기 자신을 던지고 놓아버리면 그때부터 우주에 저장되어 있는 수많은 정보와 통하게 된다. 율려 속으로 들어가게 된다. 우리 뇌에만 정보가 저장되어 있는 것이 아니다. 우주에도 정보가 있다. 살아가는 동안, 이왕이면 우주와 함께 춤을 추다 가야 할 것이 아닌가. 우주의 에너지와 교류하면서 살다 가야 할 것이 아닌가.

율려의 문고리

언어로 표현할 수 있는 진리에는 한계가 있다. 우리가 마음을 열고 율려를 즐기기 위해서는 기氣의 세계를 이해해야 한다. 기는 오감五感의 세계로는 느낄 수 없다. 그러나 일단 기를 느끼기 시작하면 기를 통해 자신도 모르게 갇혀있던 여러 통제의 틀에서 자유로워질 수 있다. 기를 터득한 사람은 율려의 세계로 들어가는 문고리를 잡은 것과 같다. 기를 터득하면 율려의 세계가 살짝 보이기 시작한다. 기를 느끼고 틀에서 자유로워졌을 때 자연과의 교류가 시작된다. 그때 꽃이 피고 새가 우는 변화 속에서 '우주의 소식'을 감지할 수 있게 된다. 아침에 지저귀는 새 소리 한 줄기에도 감응하고 석양을 등지고 떨어지는 잎새 하나에서도 무엇인가를 느낄 수 있다.

천기天氣

도인들은 흔히 천기天氣를 본다고 한다. 별을 보고, 달을 보고, 바람을 느끼고… 자연을 통해서 어떤 일이 생길지를 미리 아는 것이다. 모든 자연은 우리에게 이처럼 '우주의 소식'을 전해주고 있다. 우리가 만나는 모든 사람들 역시 마찬가지이다. 마음을 열고 자연을 만나고 사람을 만나면 우주가 전해주는 메시지를 느낄 수 있다.

던져버리기

음악을 들을 때는 머리로 판단하거나 생각하면서 듣는 것이 아니라 율려의 세계로 전신이 달려들어야 한다. 요즘에는 그런 힘을 가진 음악이 드물다. 또 아는 곡은 멜로디나 분위기가 익숙하기 때문에 그렇게 되지 않는다. 어떻게 터져 나올지 몰라야만 자기 자신을 던져버릴 수 있다. 비어있는 몸을 타고 언젠가 텔레비전에서 음악인 임동창 씨가 즉흥적으로 피아노 연주하는 것을 본 적이 있다. 그는 달인이다.

피아노를 칠 때도 치다가 치다가 팔도 움직일 수 없을 만큼 지쳤을 때, 그때 새로운 생명의 기운이 들어온다. 비어있는 몸을 타고 들어와 천지기운이 노는 것이다. 일부러 하려고 하면 자연의 소리, 우주의 소리가 나오지 않는다. 자기가 남아있기 때문이다.

사물놀이

사물놀이는 아마 세상에서 가장 시끄러운 음악일 것이다. 잘못 들으면 시끄럽기만 한 사물놀이도 즐겁게 듣는 방법이 있다. 사물놀이는 죽이고 살리는 음악이다. 처음에 사물놀이는 무엇이든 때려부술 듯이 울려댄다. 이것은 자신의 욕망이나 관념을 죽이는 과정이다. 그 소리로 병든 세포, 병든 기운, 병든 마음을 실컷 두들겨서 자갈같이 단단하고 거친 마음을 밀가루처럼 부드럽고 곱게 만들어야 한다. 몸살이 날 정도로 소리의 매를 맞아야 한다. 사물로 죽이고 나서는 다시 살려야 한다. 사물놀이는 너무 거칠어서 살리기는 하되 이쁘게는 못살린다. 그래서 사물로 약간 살려서 기둥을 세운 다음에는 단소, 대금, 피리를 불어서 다듬어야 한다. 이러한 의미를 알고 사물놀이를 즐기면 그 소리에 온 혈穴이 다 열린다. 소리 속으로 몸과 마음을 던질 수 있다.

율려의 바다로

춤을 출 때는 자기 몸이 악기라고 생각하라. 악기가 되어 소리에 따라서 완전히 율려의 삼매三昧 상태에 들어가는 것이다. 나는 아무것도 아니다. 다만 악기일 뿐이다. 소리에 반응할 뿐이다. 반응하는 본능이 나와야 한다. 내부에 있는 우주의 파동 속으로 들어가보라. 서서히 한 걸음 한 걸음 파동 속으로, 빛 속으로 들어가는 것이다. 율려의 세계로, 율려의 바다로 나아가는 것이다. 처음에는 발목부터 들어간다. 이어 무릎, 가슴, 어깨, 마지막으로 머리까지 쑤욱 집어넣는다.

허공

우리는 율려 속에서 움직이고 율려 속에서 숨을 쉬고 있다. 율려를 느낄 때 막혔던 혈이 풀리고 기가 돌게 된다. 우리를 가로막고 있는 틀에서 자유롭게 벗어날 수 있게 된다. 허공 속에 내가 있고 내 안에 허공이 있다는 새로운 인식의 순간이다. 나는 혼자가 아니었다는 것을, 원래부터 큰 생명, 율려와 항상 같이 있었고 율려가 내 안에 들어와서 숨쉬고 있다는 것을 알게 되는 것이다.

틀

율려의 세계로 들어가면 우리 안에 있는 무한한 본능이 움직인다. 대부분의 사람들은 그 본능을 통제하며 살고 있다. 대학공부까지 마친 사람들에게 "지금부터 5분 간 운동하십시오" 하고 맡겨두면 두리번거리다가 아무것도 못하고 만다. 어떻게 몸을 움직여야 할지 모르는 것이다. 반드시 "일어나십시오", "허리를 돌리세요" 하고 구령을 붙여주어야만 움직인다. 그만큼 생각이 굳어있고 틀 속에 갇혀있다.

관觀

율려를 느끼려면 율려를 느낄 수 있는 의식상태로 들어가야 한다. 사람들은 흔히 몸이 자기라고 생각하고 감정이 자기라고 생각한다. 그러나 내 몸은 내가 아니라 내 것이다. 감정 역시 내가 아니라 내 것이다. 몸과 마음을 분리한 채 몸을 냉정히 바라보고 감정을 관觀할 수 있을 때 몸과 마음은 '내 것'이 된다. 의식이 아주 맑은 상태에서라야 자신을 관할 수 있다.

진공

진정한 율려는 몸이 완전히 사라져버렸을 때 느낄 수 있다. 그것은 몸이 우주에 완전히 녹아버려서 아무것도 없는 상태, 물질세계가 사라져버린 상태이다. 완전한 진공상태에서 몸은 사라지고 남는 것은 허공밖에 없다. 그때 비로소 대자유를 느낄 수 있고 우주의 큰 율려 세계가 다가온다. 율려가 몸 안에서 살아 뛰기 시작한다. 율려 안에서 내 몸이 지구가 되고 우주가 된다. '내 몸은 내가 아니구나, 나는 지구이고 우주이고 하느님이구나.' 하는 것을 깨닫게 된다. 그 순간의 환희심이란 이루 말할 수 없이 크다.

천지마음

내 몸이 사라져버리는 것을 체험하고 나면 죽음이 두렵지 않다. 내가 죽어도 우주는 존재하고 나는 우주 속에서 새롭게 태어난다는 것을 알게 되기 때문이다. 그때 지구가 사랑스러운 하나의 별임을 알게 되고, 심지어 지구를 콧구멍에 넣었다 뺐다 할 정도가 된다. 그러한 의식 속에서 지구를 보면 지구가 나인지 내가 지구인지 모를 정도로 동일체가 된다.

나라는 자아가 커지고 커져서 우주의식을 깨닫게 되고 모든 것을 창조하고 재생시키는 에너지의 근원인 율려를 알게 되는 것이다. 그러한 의식세계에서 시가 나오고 노래가 흘러나오면서 율려를 사용하게 된다. 저절로 시상이 떠오르고 가락이 나온다. 그것이 천지마음이고 창조주의 마음이다. 그윽한 율려 속에서 '이것이 창조주의 마음이구나. 이러한 창조주의 마음자리에서 별도 만들어지고 태양도 만들어졌구나.' 하고 창조주의 마음을 훔쳐볼 수 있게 되는 것이다.

종교 이전

율려는 종교가 생기기 전 태초부터 존재했다. 종교가 있기 전에 하늘과 땅, 사람을 노래하는 춤이 있었고 노래가 있었고 기도가 있었다. 즉 율려가 있었다. 이들이 틀을 갖추면서 종교가 되었고 문화가 되었다. 모든 종교와 깨우침에 이르는 여러 가지 사상과 정신, 문화를 모두 아우를 수 있는 것이 바로 율려이다. 종교나 사상 자체에 머무르면 서로 대립할 수밖에 없다. 이제 그 좁은 틀에서 벗어나 모두 함께 생명 에너지의 근원인 율려의 세계로 나아가야 한다. 잃어버린 율려를 회복할 때 구원에 대한 갈망과 욕망은 더 이상 설자리가 없을 것이다. 깨달음에 대한 갈증과 영원한 생명을 누리겠다는 소망도 사라질 것이다. 소유하겠다는 집착 대신 무엇이든 이용하고 활용하겠다는 개념으로 바뀔 것이다. 인류의 문명은 경쟁을 통한 가치 추구에서 조화와 화합, 완성을 통한 가치 추구로 대전환을 맞이하게 될 것이다. 문명의 대전환을 위해서는 한 두 사람만이 율려를 회복해서는 안 된다. 모든 사람들의 의식이 깨어나 지금 이 순간에도 온 우주에 물결치는 율려를, 그 장엄한 아름다움을 느낄 수 있어야 한다.

얼의 무늬

율려는 얼이 작용하는 것이다. 율려는 얼의 움직임, 얼의 무늬이다. 우주에 수놓인 얼의 그림이요, 혼의 그림이다. 그러므로 율려를 알려면 얼을 알아야 한다. 혼을 알아야 한다. 자기 안에 한얼이 내려와 있음을 자각하고 그 얼을 깨쳐야 한다.

측은지심을 품은 큰 사랑을 하라

혼의 기쁨

우리는 그 동안 너무나 바쁘게 살아왔다. 남보다 잘살아야 한다는 생각이, 이기심과 소유욕이 우리를 밀어 여기까지 왔다. 그러나 그러한 삶은 우리의 가슴을 죽인다. 가슴이 죽으면 머리가 아프고 소화가 안 되고 머리에 열이 나고 팔다리가 저리고 차다. 기뻐도 기쁜 것 같지 않고 슬퍼도 슬픈 것 같지 않으며 늘 맨숭맨숭하고 재미가 없다. 진정으로 가슴이 기쁠 때는 언제인가? 그것은 순수한 마음으로부터 온다. 가슴에서 측은지심惻隱之心이 일어나 순수한 마음으로 남을 도왔을 때는 누구나 큰 기쁨을 느낀다. 그것이 바로 혼에서 오는 기쁨이다. 혼은 인간의 순수한 본질이다. 혼을 기쁘게 하는 측은지심은 우리가 느끼는 감정 중에서도 가장 차원이 높다. 혼의 기쁨은 남이 알아주든 알아주지 않든 상관하지 않는 본질적인 기쁨이다. 소유욕이나 이기심, 명예욕 때문에 기뻐했을 때는 그 기쁨 뒤편에 반드시 슬퍼하는 사람이 있게 마련이다. 그것은 남에게 자랑해야만 하는 기쁨이다. 그로 인해 적을 만들게 되고 시기와 질투의 대상이 된다. 혼은 우주의 본성에 뿌리를 두고 있지만 소유욕과 이기심은 육신에 뿌리를 두고 있다. 소유욕이나 이기심은 육신이 소멸되면 사라진다. 하지만 혼은 영원하다. 우리의 몸은 적당한 영양만 공급되면 절로 자라지만 혼은 의식적으로 키우지 않으면 조금도 성장하지 않는다.

우리는 의심한다. 혼을 위해서 사는 삶은 가난한 삶이 아닐까. 머리 속의 이상으로는 가능하지만 현실적으로는 불가능한 삶이 아닐까. 살아가는 동안 누구나 한 번은 혼의 기쁨을 체험한다. 그러나 사회의 분위기가 혼의 기쁨보다는 소유욕이나 이기심을 추구하기 때문에 그 소중한 체험을 그냥 지나쳐버린다.

가슴속에

조용히 눈을 감고 손을 가슴에 얹어보라. 마음을 가슴에 집중해보라. 가슴이 따뜻하고 편안해질 것이다. 혼은 가슴속에 있다. 누구나 한 번쯤 가슴속에서 흘러 넘치는 기쁨과 환희심을 느껴보았을 것이다. 누구나 한 번쯤 가슴이 찢어지는 듯한 슬픔도 느껴보았을 것이다. 혼은 그 가슴속에 있다. 따뜻해진 가슴에 대고 물어보라. 혼이란 무엇인가? 혼은 나에게 어떤 의미인가?

큰 사랑

하늘은 우리에게 몇몇 사람만을 사랑하기에는 너무나도 큰 가슴을 주었다. 인간은 누구나 소유와 명예만으로는 만족할 수 없는 큰 가슴을 가지고 태어난다. 그래서 인간은 결혼을 해도 외롭다. 자식이 있어도 외롭다. 몇몇 사람을 사랑하는 것만으로는 만족을 얻을 수 없기 때문이다. 우리에게는 온 인류를 사랑하고 하늘을 사랑할 수 있을 만큼 크고 따뜻한 가슴이 있다. 그 크고 따뜻한 사랑을 나누지 않기 때문에 답답하고 외로운 것이다. 외롭지 않기 위해서는 혼의 기쁨을 추구해야 한다. 크고 따뜻한 가슴, 가슴속의 측은지심으로 혼을 위한 삶을 살아야 한다.

본 마음

사람들은 본심을 잘 드러내지 않는다. 본심은 덮어두고 자기를 포장한다. 속으로는 이리저리 궁리하면서 가슴속에 있는 마음은 숨긴 채 꾸며진 모습만 드러낸다. 그 때문에 서로의 가슴속에 진정하고 진실한 꽃을 피우지 못한다. 사람들의 가슴을 닫게 만드는 것은 피해의식과 열등감이다. 본심을 드러낼 때 가슴이 살아난다. 진정 하고픈 말, 본 마음을 숨기고 쌓아두면 가슴이 닫혀버린다. 얼굴이 어두워지고 시기와 질투로 마음을 상하게 된다. 가슴을 열어야 한다. 본 마음을 드러내야 한다. 그래야만 시기와 질투로부터 벗어날 수 있다.

가슴이 살아야

가슴이 살아있다는 이야기는 혼이 살아있다는 이야기이다. 가슴이 살아있을 때는 삶을 스스로 조절할 수 있다. 가슴이 죽어버리면 내 마음 나도 모르는 신세가 된다. 가슴이 죽은 사람은 자기 몸을 컨트롤 할 수 없다. 자기 감정을 어찌지 못해서 감정에 끌려 다니게 된다. 소유욕이나 이기심, 자만심이라는 감정이 인생의 주인노릇을 해버린다.

혼을 키운 삶

혼을 키운 삶은 평화롭고 당당하다. 혼을 키운 삶은 육신을 벗고 세상을 떠날 때조차 편안하다. 혼을 키운 사람에게 죽음은 고향으로 돌아가는 것을 의미하기 때문이다. 하지만 욕망을 위해 산 삶은 육신에 집착하기 때문에 세상을 떠나기가 매우 힘들다. 죽으면 모든 것도 더불어 끝난다고 생각하는 사람에게는 죽음이 두려울 수밖에 없다.

혼의 완성

혼의 차원에서 볼 때 죽음은 하나의 진급이다. 하나의 생을 졸업하는 것이다. 혼을 모르고 떠나는 삶은 졸업장도 없이 교정을 떠나는 삶처럼 쓸쓸하고 회한에 찬 것이다. 혼을 위해서 살지 않는 삶은 쭉정이 같은 삶이다. 그런 삶은 허망하다. 삶의 목적은 욕망의 성취에 있지 않다. 혼의 완성에 있다. 인간은 혼을 키우는 삶을 살아야 한다. 가슴속에서 혼이 사라져버린 사람은 죽은 사람이다. 가슴이 항상 답답한 사람이다. 가슴속의 상처를 해결하지 못하고 끙끙 앓는 사람이다.

상처

사람들은 저마다 가슴에 상처를 안고 산다. 그러나 그것은 혼자만의 상처가 아니다. 세상을 살아가는 많은 사람들이 저마다의 상처를 숨긴 채 살아가고 있다. 율려 안에서 그 상처가 치유되고 혼이 위안을 받는다. 머리에서 내려와 가슴속으로 들어가야 한다. 가슴속 깊은 곳에 있는 혼을 만나야 한다.

측은지심

혼에서 일어나는 측은지심은 선악을 구별하지 않는다. 선악을 생각하는 것 자체가 분별이다. 특별한 수행을 하는 사람만이 혼을 가진 것이 아니다. 혼은 모든 사람에게 있다. 다만 그것을 키우느냐, 키우지 않느냐가 문제될 뿐이다. 혼이 움직일 때 측은지심이 생겨난다. 측은지심은 혼의 특성이며 성인의 마음이다. 그 씨앗은 모든 사람에게 다 있다. 그러나 씨앗을 찾아 키우는 것은 각자의 몫이다.

혼의 갈망

혼에서 나온 슬픔인 측은지심은 하늘과 땅의 기운을 바꿀 만한 힘이 있다. 예를 들어 가뭄 때문에 농사를 못 지을 정도로 메말라가는 땅을 보면서 누군가의 가슴에 깊은 측은지심이 생긴다. 그 측은지심이 골수에 사무치면 서기瑞氣가 정수리를 뚫고 올라가 하늘을 비춘다. 측은지심이 하늘을 감동시켜 비를 내리게 하는 것이다. 그것은 단순한 동정심이 아니라 정말로 순수한 의식으로부터 나오는 혼의 측은지심이라야 한다. 천지는 순수한 혼의 갈망에만 응답한다. 측은지심을 품게 되면 처음에는 사람이 불쌍하게 느껴지지만 혼이 점점 더 커지면서 사람이 아니라 세상이 불쌍하게 느껴진다. 이러한 측은지심이 생겼을 때 천지가 감동한다. 천지를 감동시킬 수 있는 힘은 오직 혼에서만 나온다. 혼의 뿌리는 우주의 본성이기 때문이다.

서러움

율려를 느끼고자 하는 사람은 혼에서 나오는 측은지심을 알고 환희심을 알아야 한다. 측은지심이 깊어지면 가슴에서 북받쳐 오르는 서러움과 지나온 삶에 대한 참회로 눈물을 주체할 수가 없게 된다. 서러움은 가슴이 열리는 징후이다. 막혔던 가슴이 풀릴 때 서러움이 북받쳐 오른다. 누구에게나 원인을 알 수 없는 서러움이 가슴 깊은 곳에 자리하고 있다. 그 서러운 감정 속에 세상에 대한 자비가 있다. 서러움과 눈물을 통해서 차갑던 가슴이 따뜻하게 더워진다.

창조주의 마음

나의 서러움이, 세상의 서러움이 골수에 맺힌다. 세상도 병들었고 나도 병들었다. 나도 불쌍하고 세상도 불쌍하다. 세상을 불쌍하게 보는 그 마음이 바로 창조주의 마음이다. '천지여, 참으로 불쌍하구나. 사람들은 자기 생각에만 빠져서 서로를 불쌍히 여기는 마음을 잃어버렸구나.' 이것이야말로 창조주의 탄식이다.

도인의 깊은 슬픔

우리의 마음 깊은 곳에 서러움이 있다. 서러움을 모르는 사람은 남을 이해하고 포용할 수 없다. 세상이 불쌍해서 걱정하고 통곡할 수 있는 마음을 가진 사람이 바로 도인이다. 병든 세상을 아파하는 깊은 슬픔이 도인의 측은지심이다. 이 세상은 몇몇 도인의 측은지심만으로는 변할 수 없다. 수천 수만의 도인이, 그들의 측은지심이 필요하다.

철든 사람

우리말 가운데 '철들다'라는 말이 있다. 어른들은 아이가 자라면서 사리를 분별할 줄 알게 되면 철들었다고 한다. 자기만 생각하다가 부모 고생하는 것을 알게 되고 형제 생각을 좀 하게 되면 철들었다고 한다. 주위를 생각할 줄 알게 되었다는 말이다. 사회와 나라, 나아가 인류까지 생각하게 되면 철이 들어도 크게 든 셈이다. 철든 사람은 세상에 대해 측은지심을 느낄 줄 아는 사람이다. 철드는 것은 통通하는 것이다. 통하기 위해서는 자신의 한계를 스스로 넘어서지 않으면 안 된다. 각각의 한계들을 진급하듯이 용감하게 넘어가야 한다.

버리다

어떤 한계를 넘어설 때 사람들은 자신이 무언가를 포기하거나 잃어버린다고 생각한다. 그러나 인생은 끊임없이 버리는 것이다. 초등학교에서 중등학교로 올라가면 초등학교 시절을 버리고, 다시 고등학생이 되면 중등학교 시절을 버리듯이…. 대학에 가거나 사회에 진출할 때 역시 이전의 자기를 버려야 한다. 마지막으로 육신마저 버렸을 때 저세상으로 가는 것이다. 삶은 버림의 연속이다. 그것이 인생이다.

왜 사는가?

누구나 살아가는 동안 모든 것을 버려야 한다. 문제는 '어떤 목적을 위해서 버리느냐'이다. 목적이 중요하다. 버리는 공부를 제대로 하기 위해서 스스로에게 항상 던져야 할 질문이 있다. '왜 사냐'는 것이다. 자기 자신에게 "왜 사는가?" 계속 묻다보면 나름대로 답이 나온다. 그 답을 통해서 자신을 알 수 있다. 나는 어떠한 기준을 가지고 살고 있는가. 지금 당장 생각해서 하는 대답은 거짓이다. 1년 후, 10년 후에도 변하지 않을 답이라야 진짜다. 머리로만 생각해서 나온 답은 달라질 수 있다. 오직 본성에서 나오는 답만이 변하지 않는다.

왜 사는가? 스스로에게 평생 던져야 할 질문이다. 늘 "왜 사는가?" 질문을 던지면서 살아가면 무엇을 버려서 무엇을 얻어야 할지 알게 된다.

생명

세상의 모든 가치는 그것이 생명에 얼마만큼 공헌하는가에 의해서 판가름난다. 어떠한 사상이 정말로 위대한가, 어떠한 종교가 정말로 가치 있는가, 어떠한 과학이 참으로 합당한가. 어떠한 의학이, 예술이 쓸 만한 것인가는 그것이 얼마나 생명을 예찬했으며 생명을 이롭게 했는가, 우주의 생명 현상을 발전시켰는가에 달려있다.

혼의 문화

새로운 천년을 앞두고 인류가 유토피아로 갈 것인가, 디스토피아로 갈 것인가를 결정짓는 단 하나의 요인이 있다면, 그것은 바로 '인류의 정신'이다. 역사와 문화, 우리가 누리고 있는 이 물질문명조차 모두 인류의 정신에서 비롯되었다. 인류의 의식이 극소수의 개인과 집단을 위한 이기심이 아니라 인류 전체의 행복을 위한 '혼의 문화'를 지향했다면 우리는 지금보다는 나은 삶을 누리고 있을 것이다. 세상은 지금 인류를 하나로 묶어줄 새로운 문화, 새로운 정신에 목말라하고 있다.

사회의학

세상이 병들면 개인이 병들 수밖에 없다. 세상은 지금 치유를 원하고 있다. 이 세상 구석구석에서 시름시름 앓고 있는 깊은 병들이 진단과 치유를 원하고 있다. 세상을 깊은 병으로부터 치유하려면 율려에 바탕을 둔 새로운 정치, 새로운 종교, 새로운 경제, 새로운 의학, 새로운 문화가 나와야 한다.

세상의, 인류 전체의 정신적인 병이 너무도 깊기 때문에 어떤 한 분야의 치유만으로는 깊이 병든 이 세상의 문제를 해결할 수 없다. 전체를 보지 못하고 세상을 조각조각 나누어 보는 관점에서 우리는 벗어나야 한다. 정치, 경제, 문화, 예술, 종교 모든 분야가 힘을 모아 어떻게 해야 이 병든 세상을 치유할 수 있을지를 함께 골몰해야 한다. 병든 세상을 아파하는 슬픈 마음이 세상을 치유하고자 하는 그 골몰한 생각을 밀고 나아가도록 해야 한다. 이것이 이른바 '사회의학'이다.

사회의학에서의 치유는 문제점 자체에만 매달리지 않는다. 그 문제가 야기될 수밖에 없었던 몸과 마음, 정신의 상관관계까지 총체적인 원인을 파악하는 데에서부터 출발한다. 개인에게 있어서 치유는 몸뿐 아니라 에너지장, 마음과 정신까지 치유하는 광범위한 개념이다. 사회에 있어서의 치유는 사회의 문제점을 파악하고 그 해결점을 모색하는 과정에서 미시적인 관점이 아니라 거시적인 관점으로 접근한다. 인류의 역사를 조망하고, 인류의 깊은 잠재의식과 무의식을 성찰하며, 인류의 미래까지 예비할 수 있도록 한다. 사회의학은 인류의 과거 역사를 통찰하고 현재의 문제점을 파악한 후 미래 세계를 창조하기 위한 사회 치유이다. 영양실조에 걸린 사회라는 생명체에 영양 공급을 해주는 것이다.

인간의 의식

사회의학의 핵심은 '인간의식의 대변화', '인류의식의 혁명'이다. 사회의학은 모든 문제와 해답을 인간의 의식 속에서 찾는다. 사회가 병든 것도 인간의 의식, 개개인의 마음이 병들었기 때문이다. 정치도 종교도 경제도 결국 세상을 이끌어가는 하나의 도구일 뿐이다. 그 도구를 만들고 활용하는 주체는 인간이다. 인간의 의식이다. 지금까지 세상을 발전시켜왔고 앞으로 이 세상을 창조해갈 핵심은 인간이 갖고 있는 의식, 그 의식의 수준이다.

의식의 전환

과학기술의 발달에 힘입어 물질문명은 끊임없이 발전해왔다. 하지만 정작 바뀌어야 할 인간의 의식은 아직도 이기적이고 개인중심적인 차원에 머물러있다. '나'만을 위하는 이기적인 의식에서 벗어나 나와 너, 전체를 위하는 큰 의식을 가질 수는 없는 것인가.

이제는 경쟁이 아니라 협동과 조화와 창조를 통한 가치추구가 이루어지도록 인간의 의식이 전환되어야 한다. 정신문명의 대변화를 통해서 물질문명까지도 '혼의 문화'를 창조하는 데 활용할 수 있어야 한다. 이것이 바로 율려운동이다.

하느님

하느님 마음이란 무엇인가? 큰마음이다. 그 무엇에도 구애되지 않고 통通하는 마음이다. 우리의 귓구멍 속에도 하느님이 있다. 콧구멍 속에도 하느님이 있다. 징그럽다고 피하는 벌레 속에도 하느님이 있다. 하느님은 깨끗하고 더러운 것을 넘어서 있다. 인간의 눈으로 볼 때는 하찮고 더럽고 악한 것이라도 대자연에게는 자신의 한 부분이다. 작은 미물의 몸에도 계시는 하느님을 종교보따리로 쌀 수는 없다. 자연을 통해서 배우는 하느님이 제일 실감나는 하느님이다.

우리는 어디서 왔는가

천지창조

신라시대 박제상이 썼다고 전해지는 〈부도지符都誌〉는 우리 민족의 가장 오래된 사서史書이다. 또한 세계 어느 나라에서도 찾아볼 수 없는 독특하고 뜻 깊은 창세創世 기록이기도 하다. 〈부도지〉에 의하면 천지창조의 주인공은 율려이다. 율려가 몇 번 부활하여 별들이 나타났고 우주의 어머니인 마고麻姑를 잉태했다. 마고는 홀로 두 딸, 궁희穹姬와 소희巢姬를 낳고 궁희와 소희는 네 천인天人과 네 천녀天女를 낳았다. 율려가 다시 부활하여 지상에 육지와 바다가 생겼다. 기氣, 화火, 수水, 토土가 서로 섞여 조화를 이루더니 풀과 나무, 새와 짐승들이 태어났다. 마고는 율려를 타고 지구를 삶의 터전으로 만들었으며 천인과 천녀들은 하늘의 본음本音으로 만물을 다스렸다.

마고성

네 천인과 네 천녀는 마고의 뜻에 따라 서로 결혼하여 각각 3남 3녀씩을 낳았다. 그리고 그들이 또 서로 결혼하여 몇 대를 지나는 사이 1만 2천 명의 무리가 되었다. 그들은 지구상의 가장 높은 곳, 파미르 고원의 어디쯤에 '마고성麻姑城'이라는 이상적인 공동체(부도符都)를 이루며 살았다. 그들은 품성이 조화롭고 깨끗하며 땅에서 나오는 젖을 먹고살아 혈기가 맑았다. 그들의 귀에는 오금烏金이 있어 하늘의 소리를 듣고 율려를 체득하여 자신이 바로 우주와 하나임을 깨달았다. 우주의 원리인 율려에 의존하여 살았기 때문에 유한한 육체의 한계를 넘어 무한한 수명을 누렸다. 그들은 만물에 깃들인 마음의 본체를 읽는 지혜로운 눈으로 세상을 보았다. 마음의 본체를 운용하여 소리를 내지 않고도 말을 했고 마음먹은 곳은 어디든지 갔으며 형상이 없이도 행동할 수 있었다.

오미의 변

그들 중에 지소씨支巢氏라는 사람이 어느 날 땅에서 나오는 젖을 마시려고 샘에 갔다. 그런데 사람이 너무 많아 마시지 못했다. 집에 돌아오는 길에 지소씨는 숲에서 묘한 냄새가 나는 곳을 발견했다. 숲에 들어가니 포도넝쿨이 보였다. 너무 배가 고픈 나머지 그는 포도를 허겁지겁 따 먹었다. 그런데 갑자기 눈앞이 캄캄해지고 귀가 윙윙거리고 혀가 아려오고 온 몸의 피부가 가렵고 코가 맹맹해졌다. 어쩔 줄을 몰라하던 지소씨는 그만 기절하고 말았다. 시간이 흘러 지소씨는 정신을 차렸다. 그런데 이게 웬일인가. 눈앞에 펼쳐진 세상이 전과는 너무나도 달랐다. 온 세상이 색색으로 물들어 있고 꽃에서는 향긋한 냄새가 코를 찔렀다. 귀에는 물 흐르는 소리와 새의 노래가 들려왔다. 지소씨는 "천지가 아름답고 크구나. 하지만 내 기운을 능가하지는 못하는구나. 이 모두가 포도의 힘이

로다." 하고 소리를 질렀다. 그는 많은 사람들에게 포도를 권했고 포도의 다섯 가지 맛을 알게 된 사람들은 번잡하고 사사로운 욕망과 감정에 휩싸이게 되었다. 이것이 바로 오미五味의 변變이다.

자재율의 파괴

마고성의 사람들은 깜짝 놀라 사람들이 포도를 먹지 못하도록 금지하기에 이른다. 마음의 본체, 즉 본성이 하고자 하는 대로 살던 마고성의 사람들에게 처음으로 인위적인 금지법이 생긴 것이다. 아무런 구속과 강제 없이 스스로 알아서 움직이던 자재율自在律이 파괴된 것이다. 결국 포도를 먹은 이들뿐 아니라 포도를 먹지 못하도록 지키는 이들도 율려에 의존하여 살 수 없게 되었다. 포도를 먹은 이들은 몸이 이상하게 변했다. 또한 포도 먹은 것을 창피하게 생각해 거짓말을 하고 점차 남을 믿지 못하게 되었다. 사람들의 마음은 어두워져서 마침내 천성天性을 잃어갔다. 오금은 흙으로 변해 더 이상 하늘의 음을 들을 수 없었으며 마음의 본체를 볼 수도, 운용할 수도 없었다. 사람들은 유한한 육체의 한계 속에 갇혀 육체의 감각인 오감에만 의존해서 살아야 했다.

불신

여러 사람들이 지소씨를 원망하자 그는 부끄러운 나머지 사람들을 이끌고 마고성에서 나가 숨어버렸다. 천성을 잃은 다른 사람들도 이곳 저곳으로 흩어졌다. 마고성의 제일 어른이었던 황궁씨皇宮氏는 떠나가는 사람들을 붙잡고 간곡하게 말했다. "그대들의 마음이 심하게 흐려져 마음의 본체가 변하니 어쩔 수 없구려. 그러나 스스로 하늘의 이치를 깨달아 마음이 다시 맑아지면 자연히 천성을 되찾게 될 것이니 노력하고 또 노력하시오." 그러나 성 밖은 기氣, 화火, 수水, 토土가 서로 부딪치고 조화를 이루지 못하는 세상이 되었다. 만물은 서로를 시기하고, 불신하는 마음이 생겨났다.

천산주로

사람들이 서로 싸우고 다퉈 성 밖의 세상은 점점 혼란스러워졌고 나중에는 마고성까지 위험하게 되었다. 황궁씨는 마고성을 완전하게 보존하기 위해 마침내 성문을 닫고 모두가 성을 떠나 이주할 것을 결심한다. 황궁씨는 마고성에 살던 네 무리 중 한 무리의 3천 명을 이끌고 가장 춥고 위험한 북쪽의 천산주天山洲로 향했다. 다른 세 무리도 각각 동, 서, 남 쪽으로 향했다.

복본

황궁씨는 천산주에 도착하여 마고성과 같은 이상적인 공동체를 다시 세울 것, 즉 복본複本할 것을 서약했다. 또한 사람들에게 수증修證, 즉 하늘의 이치를 체득하는 일을 열심히 하도록 일렀다. 큰아들인 유인씨에게는 하늘의 징표인 천부삼인天符三印을 주어 세상을 밝히게 하고, 둘째와 셋째 아들에게는 천산주 일대를 순행巡行하도록 하였다. 아들에게 후일을 도모하도록 한 뒤 황궁씨는 스스로 천산天山으로 들어가 긴 소리를 토하는 돌이 되었다. 돌을 통해 율려의 음을 울려 오감과 욕망에 사로잡힌 사람들의 마음을 다스려서 그들이 율려를 회복하는 일을 도왔다. 또한 기어이 마고로 복본할 것을 서약하였다.

수증

큰아들 유인씨는 황궁씨에게 물려받은 천부삼인으로 사람들에게 만물의 근본이 하나임을 깨닫게 하였다. 또한 불을 일으켜 어둠을 밝게 비추고 몸을 따뜻하게 하고 음식을 익히는 법을 가르쳐주었다. 후일 유인씨는 아들 환인桓因에게 천부를 전하고 산으로 들어간다. 환인은 천부삼인을 이어받아 사람들의 마음을 크게 밝히고 햇빛을 고르게 비추고 기후를 순조롭게 만들었다. 마침내 만물이 평정을 되찾고 사람들은 천성을 밝혀 본래의 모습을 되찾게 되었다. 황궁, 유인, 환인 3대가 천부삼인으로 3천 년 동안이나 수증修證을 한 정성 덕분이었다.

천지마음

부도지 이야기는 성경의 에덴동산과 그 내용이 흡사하지만 훨씬 깊고 넓다. 성경에서 말씀의 주체는 창조주 하느님이다. 말씀이란 하는 사람이 있고 그것을 듣고 따르는 사람이 있다. 그러나 부도지에서 율려의 주체는 특별히 정해져 있지 않다. 생명의 근원이기 때문에 모든 사람이 율려의 주체가 될 수 있다.

말씀은 '말을 쓰는 것', '마음의 알맹이를 쓰는 것' 이다. 무슨 마음인가. 천지마음이다. 천지마음을 쓰는 것이 말씀이고 천지마음을 표현한 것이 율려이다.

수행

원래 수행하는 사람은 진리를 말씀으로 깨닫는다고 한다. 상단전이니 중단전이니 하단전이니 하는 것도 원래는 말씀으로 열리는 것이다. 말씀으로 '한' 하고 한 마디 하면 깨쳐야 하는데 그것이 잘 안되니까 인위적으로 단전호흡을 하고 참선을 하고 기도를 하고 명상을 한다. 그러나 자나깨나 진리와 하나되기를 원하고 진리와 만날 몸과 마음의 준비가 되어 있는 사람은 한 줄기 바람 소리에도 깨치고, 절구질을 하다가도 깨치고, "정신 차려라" 하는 말씀 한 마디에도 깨치는 법이다.

혼이 잠자고 있으면, 율려를 깨닫지 못하면 천 권의 책을 읽는다 해도 수만 번 깨달음의 말씀을 외운다 해도 마음에 아무런 감흥이 없다.

율려의 회복

우리 안에 내재한 신성神聖을 밝혀 우주의 율려와 하나가 되는 과정을 〈부도지〉에서는 '수증修證'이라 했다. 수증은 곧 모든 생명을 아우르는 천지마음, 천지기운과 하나 되는 과정이다. 우리 민족은 잃어버린 율려를 회복해 이상적인 공동체를 다시 세우고자 '복본複本'을 맹세했던 민족이다. 복본을 위해서 천부경이 나왔고, 지감·조식·금촉을 통해서 인간을 신인합일의 경지로, 우아일체의 경지로 복본시키는 역사가 계속되었다. 그러나 이것은 비단 우리 민족만의 약속이 아니다. 율려의 회복은 온 인류의 꿈이다.

깨달음의 문화

일찍이 우리 조상들은 문자의 유한성을 깨닫고 세대에서 세대로 영원히 전승될 수 있도록 놀이를 통해 지혜를 전해주었다. 이런 까닭에 우리의 전통놀이 속에는 조상들의 지혜가 깊이 스며들어 있다. 또한 찬찬히 들여다보면 놀이의 대부분이 깨달음의 문화, 〈부도지〉에서 말하는 수증하는 공부, 율려의 전통과 관련되어 있음을 알 수 있다.

도리도리 짝자꿍

우리 민족은 대대로 아기들에게 짝자꿍을 가르친다. 짝짝 소리가 나기 위해서는 양손이 만나야 한다. 짝자꿍은 둘이 만나 짝짝 소리를 내어 궁宮으로 돌아간다는 뜻이다. 궁은 완전함을 뜻한다. 세상의 모든 이치는 합궁合宮으로 이루어져 있다. 남자와 여자가 짝자꿍하여 가족이 생겨났고, 가정과 가정이 짝자꿍하여 사회가 생겨나고 국가가 생겨났다. 가르치는 자와 배우는 자가 짝자꿍을 하고, 이끄는 자와 따르는 자가 짝자꿍을 하고, 강한 자와 약한 자가 짝자꿍을 하여 이 사회를 지탱하고 있는 것이다.

짝자꿍이 모두 좋은 결과를 가져오는 것은 아니다. 강자가 약자를 괴롭히고 억압하는 경우는 흔하다. 가진 자가 거만을 떨며 못 가진 자를 경멸하고 지배하는 경우도 어디서나 찾아볼 수 있다. 짝짝 소리를 낸다고 하여 다 궁으로 돌아가는 것은 아니다. 짝자꿍이 되기 위해서는 반드시 도리道理와 도리가 만나야 한다. 그래서 우리 조상들은 아기들에게 도리도리 짝자꿍을 가르쳤다.

도리와 도리가 만나야 짝자꿍이 되고 새로운 조화가 일어난다. 도리와 비非도리가 만나면 불신과 증오와 해함이 생긴다. 또 혼자만 도리질을 해서는 짝자꿍이 일어나지 않는다. 도리를 아는 사람들이 공동체를 이루어 개인의 도리가 단체의 도리로 뿌리내려야 한다. 그것이 바로 '도리도리 짝자꿍'이다.

주앙주앙 짝자꿍

주앙주앙 짝자꿍에서 주主는 하늘, 중앙을 가리키며, 앙仰은 받들어 모신다는 뜻이다. 즉 다섯 손가락이 중앙으로 모여 궁을 이룬다는 의미이다. 이것이 흔히 동양 사상의 핵심이라고 말하는 음양오행陰陽五行 사상이다. '주앙주앙 짝자꿍'은 도를 중심으로 모이라는 뜻으로 하는 것이다.

건지곤지

천지의 모든 생명들은 하늘과 땅이 짝자꿍하여 생겨났다. 만약 하늘과 땅이 없었다면 이 지구상에는 생명이 생겨날 수 없었을 것이다. 땅이 밀어 올려주고 하늘이 눌러줌으로써 대기가 생겨났다. 생명은 바로 그 대기 속에서 태어났고 자랐다. 이러한 큰 이치들을 우리 조상들은 '건지곤지乾地坤地'라는 간단한 놀이를 통해 가르쳐왔다. 어머니나 할머니가 아기들을 가르칠 때 각 놀이에 담긴 이치를 알고 가르치는 것과 모른 채 가르치는 것에는 큰 차이가 있다. 이제 놀이를 통해 세상의 이치와 삶의 지혜를 전해준 조상들에게 감사하는 마음으로 율려 회복의 꿈을 담아 놀이를 가르쳐보자.

나를 찾는 즐거움

우리의 대표적 민요인 '아리랑'은 흔히 버림받은 여인이 떠나간 임을 원망하는 노래처럼 여겨지고 있다. 그러나 이것은 크게 잘못된 것이다. 아리랑에는 한민족의 깊은 정신이 들어있다. 아리랑은 나 아我 자, 이치 리理 자, 즐거울 랑浪 자로, 나를 찾는 즐거움을 노래한 것이다. 아리랑에서 '나'는 곧 '신성'이며 '혼'이며 '얼'이다. 아리랑에 담긴 의미를 생각하면서 천천히, 깊게 노래를 불러보라. 누구나 가슴에서 뜨거운 것이 올라온다. 그것은 율려를 떠나버린 삶의 고단함과 서러움, 율려에 대한 간절한 그리움에서 나오는 것이다. 인류의 집단무의식 깊숙이에 가라앉아 있는 잃어버린 부도, 완전한 율려의 이상향인 마고에 대한 사무치는 그리움이다. 우리 몸 안에는 마고성 시절의 순수한 신성이 깃들어 있다.

아리랑

아리랑 아리랑 아라리요
아리랑 고개를 넘어간다
나를 버리고 가시는 임은
십 리도 못 가서 발병 난다

얼이랑 얼이랑 어라리요
얼이랑 고개를 넘어간다
얼을 버리고 가시는 임은
십 리도 못 가서 발병 난다

울이랑 울이랑 우라리요
울이랑 고개를 넘어간다
울을 버리고 가시는 임은
십 리도 못 가서 발병 난다

자기 자신

이기심에 빠져있거나 감정과 번뇌 속에 있을 때, 무엇인가에 집착하고 있을 때는 자기 자신의 모습이 잘 보이지 않는다. 왜 명상을 하는가? 고요하게 있으면 자신의 진짜 모습이 비치기 때문이다. 잡념이 걷힌 의식의 수면 위로 자신의 아집과 감정과 욕망이 그 모습을 드러낸다.

단무

단무丹舞는 우주의 율려가 우리 몸을 통해서 나타나는 것이다. 우리의 몸을 빌려 우주가 추고 가는 기氣의 춤이다. 몸으로 쓰는 시이며 허공과의 애무이다. 손가락의 움직임 하나하나, 고갯짓 하나하나는 말로는 도저히 담아낼 수 없는 그 무엇을 표현하고 있다. 말은 앞뒤 순서가 있어야 하지만 단무에서는 손가락 하나를 까딱하는 것으로 이미 내 심정이 줄줄이 풀어져 나온다. 단무는 자유를 찾는 춤이다. 기를 타고 자신의 내면에서 원하는 대로 움직이는 것이다. 오로지 가슴에서 전해오는 느낌대로, 가슴이 시키는 대로 하는 것이다. 단무는 자신에 대한 헌신이다. 깊은 호흡과 기의 물결 속에서 자신을 쉬게 하는 것이다. 관념의 자기를 소멸시켜 나가는 것이다.

율려인의 삶

단무의 느낌이 생활로 연장되는 것이 수행이며 율려인의 삶이다. 단무는 열심히 추면서 생활은 여전히 관념 속에 있다면 아무리 자유롭고 아름다운 단무라도 결국 하나의 형식이 되고 만다. 단무를 출 때는 바람결에 코스모스가 움직이듯 기운이 손끝 발끝을 밀었다 당기고 온 몸을 출렁이게 한다. 바람이 아무리 거세게 불어도 코스모스 꽃대궁은 부러지지 않는다. 바람이 불수록 더 애교스럽고 그 자태가 아름답다. 바람처럼 밀려오는 기의 흐름 속에서 춤추는 코스모스처럼 율려에 안겨 노니는 것, 그것이 단무이다.

우주를 느끼고

단무를 출 때는 나의 실체가, 나의 마음이 '지금 여기'에 가득 차고 온 우주에 가득 찬다. 몸을 통해서 마음을 느낀다. 우주를 느끼고 우주와 하나가 된다. 새 소리, 물 소리, 나뭇잎이 흔들리는 소리, 나아가 꽃이 피는 소리까지 들린다. 우주의 하모니가 들려올 때 마음속 깊은 곳에서 환희심이 우러나오면서 절로 손이 움직여진다.

천지마음

단무는 무용이 아니다. 덩실덩실 춤을 추니 영문을 모르는 사람은 의아해할 수도 있다. 그러나 단무를 추는 사람은 '세상에 이런 즐거움이 있었는가. 기가 막히는 것이로구나.' 감탄하게 된다. 단무를 추다 보면 우리 내면의 넓고 크고 평화로운 마음이 마음껏 표현된다. 그 마음을 이웃에, 세상에 전해야겠다는 생각이 가슴속에서부터 우러나온다. 이것이 천지마음이다. 마음의 평화, 넓고 밝고 둥근 마음….

사람 안의 천지

얼굴에 미소가 가득 차고 기쁨 속에서 춤을 춘다. 하늘의 마음에서부터 시작해 우리의 몸을 타고 퍼져나가는 기쁨이 세포마다 깊이 물든다. 단무를 통해 깊고 깊은 곳에 있는 우리의 본질이, 우리의 생명이 나타난다. 깊고 깊은 속에서 우리의 본능이 몸으로 발산된다. 율려의 도가 심장 깊숙한 곳에서부터 흘러나오는 것이다. 이때 저절로 '아, 사람 안의 천지여! 사람이 천지의 주인이로구나!' 하는 감탄사가 터져 나온다.

천지에 몸을 던지고

청천백학靑天白鶴, 푸른 하늘에 흰 학이 난다. 마음은 고요하고 그 고요 속에서 한 줄기 빛처럼 기운이 흐른다. 개화조성開花鳥聲, 꽃은 피고 새는 지저귄다. 부드럽고 온화한 기운이 온 몸을 감싼다. 낙화유수落花流水, 꽃은 져서 소리 없이 강물에 떨어진다. 강물에 떨어진 꽃잎이 물살에 실려 두둥실 떠내려가듯 기운을 타고 멀리멀리 나아간다. 낙수벽력落水霹靂, 폭우가 쏟아지고 뇌성벽력이 친다. 폭우와 벽력같은 강한 기운이 동한다. 개운일광開雲日光, 구름이 걷히고 태양이 빛난다. 마음이 그윽하게 밝아온다. 마음을 활짝 열어 우주 천지에 몸을 던져버리고 천지와 같이 호흡하면 이렇듯 자연의 변화와 우주의 법칙이 우리의 몸을 통해 표현된다.

큰 허공

깊은 명상 속에 있을 때는 온 몸의 무게가 사라진다. 몸 중에 가볍지 않은 부분이 있다면 그 부분에 이상이 있는 것이다. 우주 가운데 던져진 나는 머리도 없고 팔도 없고 몸통도 없고 다리도 없다. 오로지 맑디맑은 공간만 존재할 뿐이다. 나는 큰 허공이다. 눈을 뜨되 세상을 보는 눈이 아니고 선경仙境을 보는 눈이며, 발걸음을 옮기되 땅을 밟는 발이 아니고 구름 위를 걷는 발이다.

몸 속의 집

정좌한 채 명상하는 것이 쉬운 일은 아니다. 처음에는 물론 괴롭다. 움직이지 않고 가만히 앉아있으려니 힘도 든다. 그러나 시간이 지나면 정말로 편안함을 느끼게 된다. '내 몸 속이 이렇게 편안한 곳이었던가' 하고 놀라게 된다. 진정으로 쉬고 싶다면 몸 속에 집을 지어야 한다. 몸 밖에서 편안함을 찾을 것이 아니라 몸 안의 편안한 집을 찾아야 한다. 참으로 쉴 곳이 어디인가. 나의 몸 안이다. 대부분의 사람들은 뜨듯한 아랫목이나 침대에서만 쉬려고 한다. 그러나 율려의 세계를 아는 사람은 몸 속에서 쉰다.

꽃이 피듯이

정좌한 채 왼손을 천천히 들어올린다. 천천히 기의 움직임에 따라 오른손을 들어올린다. 눈은 반쯤 뜬다. 꽃이 피듯이 천천히 손을 움직인다. 마치 연꽃이 피어나듯 부드럽게 손을 들어올린다. 내 몸이 연꽃이 된다. 내 몸에 깃들인 사랑과 자비를 온 세상에 뿌려준다. 내 머리는 연꽃, 내 척추는 꽃대궁, 내 양손은 연꽃의 잎, 내 다리는 물 속에 잠겨 있는 연꽃의 뿌리이다. 나는 물 위에 가볍게 떠있다.

마음을 비우고

두 손을 천천히 모으고 온 몸을 마음으로 조절한다. 뇌에서부터 심장, 팔, 오장육부를, 세포를 마음이 조절한다. 마음이 무엇인가? 본성本性이다. 우주의 율려가 나의 몸을 조절하도록 마음을 비운다. 모든 욕망과 잡념을 던져 버린다. 머리카락 한 올에서부터 발끝까지 온 몸을 우주의 섭리에 맡긴다.

틀이 없는 움직임

왼손은 지구, 오른손은 달이다. 기운의 흐름에 몸을 맡기고 달과 지구가 서로 밀고 당기는 느낌을 표현해본다. 이 움직임은 아주 부드럽지만 빠르게 하여 힘을 실으면 단공丹功이라는 무술 동작이 된다. 이것은 틀이 없는 움직임이다. 머리 속의 생각이 아니라 깊은 영감 속에서 팔다리가 움직여지는 대로 맡겨두는 것이다. 이러한 동작을 통해서 우주와 하나가 된다. 우주의 섭리와 몸을 연결시키는 것이다. 차츰 시가 떠오르기도 하고 음악이 터져 나오기도 하고 붓으로 자신의 마음을 옮기고자 하는 마음이 생기기도 한다.

'한'의 자리

모아졌던 두 손을 천천히 밀어낸다. 음陰과 양陽으로 갈라지는 것이다. 내려오는 왼손에 기를 벼려 넣는다. 오른손에도 터질 듯한 기를 모아 넣는다. 양팔에 기를 넣어 무쇠와 같이 되도록 했다가 기를 완전히 풀어버린다. 버려버린다. 왼팔과 오른팔을 다 버린다. 음양은 너와 나, 생生과 사死, 옳고 그름을 나타낸다. 이 모두를 던져버린다. 이제 본체만 남았다. 본체에서 갈라져 나온 음과 양이 서로 다투는 것이니 그 모두를 버리고 '한'의 자리로 돌아가는 것이다.

천지인

다시 왼팔을 찾고 오른팔을 찾는다. 감각을 찾는다. 왼손을 천천히 끌어올린 후 오른손에 갖다 붙인다. 그리고는 천천히 두 손 사이를 벌린다. 만나는 것은 생生이고 헤어지는 것은 사死이다. 죽는다는 생각이 두렵지 죽음 자체는 두려운 것이 아니다. 머리, 다리, 몸통, 팔을 한꺼번에 우주에 던져버린다. 그리고 다시 온 몸을 찾는다. 잃었던 몸을 찾는다. 마지막으로 천지인天地人을 상징하는 세 손가락 끝을 모아 가만히 무릎 위에 올려놓는다.

창조의 기쁨

천천히 손을 들어올렸다 내려놓고 양손을 모았다가 벌리는 동작은 모르는 사람이 보면 아무것도 아닌 것처럼 여겨질 것이다. 빨리 하면 단 몇 분에 끝나버리는 간단한 동작 같지만 이 동작에는 아주 심오하고 깊은 뜻이 숨어있다. 나의 몸을 완전히 던졌다가 찾는 수련이며 창조의 기쁨 속에 몸을 담갔다 나오는 동작이다. 이것이야말로 율려의 참묘미이다.

결

우리는 우리 몸에 내려왔던 하늘을 잃어버린 지 오래이다. 경전을 통해서 설명된 하느님과 부처님을 배우고 있을 뿐이다. 예술도 원래의 근원을 잃어버린 채 이미 만들어진 틀 속에서 맴돌고 있다. 깨달음은 지식으로 이루어지는 것이 아니다. 춤이나 노래, 그림 할 것 없이 어떤 분야에서든지 장인의 경지에 이르려면 배움만으로는 부족하다. 저절로 깨우쳐야 된다. 모든 종교, 모든 운동, 모든 예술, 모든 일이 마찬가지이다. 어떤 경지에 도달하면 자기 고유의 결을 타고 그 사람만의 창조적인 에너지가 흘러나온다.

틀 너머의 것

무용이든 무술이든 과학이든 많이 배운 사람일수록 일정한 틀 속에 갇혀있는 경우가 많다. 그 틀 때문에 다른 것을 생각하지 못한다. 배울 때는 틀이 필요하지만 때가 되면 그 틀을 과감하게 벗어 던져야 한다. 틀을 다 버리고 난 후에는 부딪히는 즉시 반응이 나올 뿐이다. 항상 비어 있으므로 바로바로 반응한다. 틀을 버린 사람의 삶은 언제나 백지이다. 하루 일과가 끝나고 잠자리에 누우면 남는 것은 아무것도 없다. 아침에 눈을 뜨면 항상 새날이 있을 뿐이다. 율려는 모든 예술과 문화, 종교는 물론이고 과학과 의학의 근원인 생명을 알려준다. 틀 너머의 것을 알려준다. 단무는 틀이 없는 가운데 터져 나오는 생명을 느낄 수 있는 가장 쉬운 방법이다.

창조

단무를 출 때는 자기 몸이 표현해내는 아름다움에 놀라 누구나 한 번쯤 자문하게 된다. 내 몸이 이렇듯 신비롭고 아름다운데 왜 우리는 그 신비함을 찬양하지 않는가. 인간이 달에 가고 화성에 가고 우주여행을 하는 데에는 놀라면서 왜 내 몸의 신비함에는 놀라지 않는가. 인간이 만들어낸 지식의 세계, 작은 창조에 대해서는 경의를 표하면서 왜 자기 자신에 대해서는 경의를 표하지 않는가. 과학이 아무리 발달했다고는 하지만 과학의 힘으로는 길가에 핀 작은 꽃 한 송이조차 만들어낼 수 없다. 우리의 감각은 정말로 무디어져 있다. 참 신비와 감동으로부터 너무나 멀리 떨어져있다. 자기 존재에 대한 신비와 감동, 감사가 삶 속에서 연장될 때 크게 지혜로울 수 있으며 창조적 에너지를 발휘할 수 있다.

마음을 일으키다

무의식의 세계와는 단절된 채 오로지 외부의식에만 의지해서 살아가는 사람은 창조를 할 수가 없다. 아니 창조를 모른다. 모든 창조는 육감에서, 무의식의 세계에서 나온다. 창조적 발견은 지식의 축적만으로는 오지 않는다. 갑작스러운 일상과 단절의 순간에, 그 틈을 비집고 폭발하듯, 꽃이 피듯 창조가 일어난다. 우리 삶의 실체는 비어있는 것이다. 텅 빈 무無에서 계속 마음을 일으켜라. 빈 자리에 중심을 두고 마음을 쓰는 것이 창조이다.

육감의 바다

육감의 바다에 몸을 던져라. 무의식의 세계는 생각이 끊어지는 바로 그 순간에 펼쳐진다. 생각으로는 수십 년을 가도 무의식의 세계에 들어갈 수 없다. 지식과 관념을 벗어버리고 오감과 분별을 넘어서 몸과 마음을 다하여 육감의 바다로 뛰어들어야 한다. 그때 비로소 무의식의 세계가 열리고 진정한 창조가 일어난다. 율려는 상상력과 창조의 근원이다.

춤

이 세상 모든 생명체는 가만히 있는 것 같지만 움직이지 않는 것이 하나도 없다. 모두 다 춤을 추고 있다. 파동 속에서, 진동 속에서, 율동 속에서 생명력을 노래하고 있다. 진동을 통해서 의식이 뇌 깊숙이 들어갈 수 있고 우리는 깊은 생명력, 즉 율려와 만날 수 있다.

심장의 고동소리

빛, 소리, 파장

율려는 우주 생명의 자장 현상, 진동 현상이다. 율려는 빛과 소리와 파장으로 표현된다. 율려가 보이지 않는 세계라면 빛, 소리, 파장은 보이고 들리는 세계이다. 율려는 순수한 생명이며 한계가 정해져 있지 않고 물과 공기와 같이 이 우주에 충만하다. 율려는 무한하기 때문에 이 세상 모든 사람들의 마음을 채워주고도 남는다. 문제는 어떻게 하면 율려의 세계를 경험할 수 있는가이다. 생명의 떨림 속으로 들어가는 진동은 율려를 느낄 수 있는 가장 빠른 방법이다. 율려 자체가 진동과 파동, 율동으로 표현되기 때문이다.

생명의 떨림

율려는 수축과 이완, 집중과 확산 운동을 통해 퍼져나간다. 이것이 진동의 원리이다. 율려를 가장 쉽게 느낄 수 있는 예는 심장의 맥박 소리이다. 우리 몸의 생명활동인 율려는 심장에서부터 시작된다. 인간은 잉태되는 순간 어머니의 뱃속에서부터 어머니의 심장 소리와 함께 맥박 친다. 우리 심장의 고동 소리는 지금도 생명을 노래하며 온 우주로 메아리치고 있다. 관심을 기울이든 기울이지 않든 심장은 24시간 쉬지 않고 연주를 하면서 우리에게 생명을 주고 있다. 나의 심장이 생명으로 고동치고 있다. 이 세상 모든 사람들의 심장이 리듬과 조화 속에서 다함께 율려를 노래하고 있다. 율려 속에서 모든 생명이 하나로 물결치고 있다. 율려 안에 생명이 있고 철학이 있고 예술이 있다. 생명의 신비함을 발견하는 것이 곧 율려를 회복하는 길이다.

눈물

진동을 통해서 율려의 세계로 들어갈 때 눈물이 터져 나올 수도 있다. 곪고 곪아왔던 내면의 상처가 율려를 만나 눈물로 폭발하는 것이다. 그 상처가 치유되어야만 마음이 안정되고 얼굴에 웃음꽃이 피고 노래가 나오고 춤이 나온다. 대부분의 사람들은 겉으로는 편안하고 아무런 문제가 없는 척 위장하고 있지만 율려의 세계에 조금만 가까이 가도 금방 눈물을 펑펑 쏟아낸다. 마음이 깊이 병들어 있기 때문이다. 또한 그만큼 율려를 그리워하고 있다는 증거이기도 하다.

집중

양손바닥이 하늘을 보도록 하고 눈을 감은 채 의식을 손에 집중한다. 의식의 빛이 손바닥에 집중되도록 한다. 양손을 무릎 위에 올려놓고 손에 무거운 돌을 들었다고 상상한다. 마음속으로 '하나' 하면서 손을 가슴높이까지 들어올리고 '둘' 하면서 내린다. 하나 둘, 하나 둘, 하나 둘…. 의식을 손에 집중하고 천천히 같은 동작을 반복한다. 팔에 힘을 쭉 빼고 다시 양손을 무릎 위에 올려놓는다. 무릎 위에 올려진 손의 무게를 느껴본다. 손이 계속 무거워진다. 손이 무릎에 완전히 달라붙어서 떨어지지 않을 것 같아지면 아주 편안한 상태이다. 그 편안함 속에서 호흡에만 집중한다.

완전한 고요

진동이 서서히 깊어진다. 몸 전체가 앞뒤로 움직이기도 하고 좌우로 움직이기도 한다. 몸 안의 좋지 않은 부분에 집중적으로 진동이 일어난다. 진동이 점점 커지다가 다시 저절로 잦아들고 이내 완전한 고요 속에 머물게 된다.

생명

누구에게나 진동은 일어나고 있다. 단지 느끼지 못하고 인정하지 않을 뿐이다.

심장이 벌떡벌떡 뛰는 것도 하나의 진동이다. 진동은 살아있다는 생명체의 신호이다. 수축과 이완, 수렴과 확장의 진동 속에서 생명이 노래하고 있다. 그 생명력을 약동시켜라. 진동은 생명이다. 진동 속에 평화가 있고 기쁨이 있다. 진동 속에 우주의 사랑이 있다. 파동에서 진동으로, 진동에서 율동으로 우주가 떨리고 있다. 생명이 떨리고 있다. 나의 몸이 끊임없이 진동하고 있다.

명상

명상은 자기 자신을 밝히고 마음을 여는 시간이다. 조용히 손을 무릎에 올려놓고 편안하게 엄지, 검지, 중지의 세 손끝을 모은다. 허리를 곧게 펴고 눈을 감은 채 몸을 좌우로 대여섯 번 흔든다. 몸의 중심을 잡는다. 양무릎과 꼬리뼈를 연결하면 삼각형이 된다. 그 삼각형의 중앙에 척추로 기둥을 세우고 머리를 기둥 위에 올려놓는다는 느낌으로 앉는다. 머리가 아주 가볍게 올라가 있다. 마치 날아갈 것처럼 가볍다. 바람이 불면 흔들릴 정도로 가볍다. 가장 좋은 자세는 몸 어느 곳에도 무게가 실리지 않는 자세이다. 감았는지 안 감았는지 모를 정도로 눈을 감는다. 이마에 눈이 있어 천 리를 내다보는 듯한 자세를 취한다.

마음을 비추다

이 곳에 앉아 있는 나는 누구인가? 먼 허공을 향해서, 깊은 심연 속으로 자기의 마음을 비춘다. 먼 곳으로, 마음을 천 리 밖으로 멀리멀리 비춘다. 기를 보낸다. 편안하게, 멀리멀리 빛 속으로 들어간다. 평화 속으로, 더 깊게깊게 들어간다. 아무것도 없는 허공의 세계로, 깊게깊게 멀리멀리 나아간다.

자세

자세를 만들고, 자세를 푼다. 이것이 명상의 기본이다. 삼각형의 기초 위에 기둥을 세우고 그 위에 자기의 머리를 올려놓는다. 몸의 어느 한 곳에 무게가 실리면 그쪽으로 잡념이 생기게 된다. 기를 느끼지 못하는 사람이 이러한 자세를 취하려면 3년이 걸린다. 앉는 것 하나가 그렇게 힘들다. 그러나 기를 아는 사람은 금방 자세를 잡는다. 앉는 자세 하나로 명상의 60%가 완성된다. 걸을 때도 걸어다니는 기둥 위에 머리를 올려놓았다는 느낌으로 걷는다. 그렇게 하면 걸어다니면서도 명상을 할 수 있다. 평소에 눈이 달려 있다는 것을 느끼고 사는 사람은 별로 없을 것이다. 몸에 중심을 세우고 걷다보면 눈이 느껴지고 코가 느껴지고 귀가 느껴진다. 그 모든 것을 단 채 걷고 있는 내가 느껴진다.

중심

코가 무겁다는 것을 느껴본 적이 있는가? 손을 들면 손이 무겁듯이 바른 자세를 취하면 코가 떨어질 듯이 무겁게 느껴진다. 그러나 어깨가 긴장되어 있다든지 몸의 다른 부분이 굳어있으면 전혀 느낄 수가 없다. 입술, 피부, 귀, 눈꺼풀, 눈썹… 몸 전체를 느끼면서 천천히 중심을 찾아간다. 명상 자세에서 가장 핵심은 아랫배의 단전이다. 바른 자세를 취하면 의식하지 않아도 단전에 중심이 잡히게 된다. 굳이 애쓰지 않아도 저절로 단전호흡이 된다. 머리로 올라갔던 뜨거운 기운은 가슴을 타고 아랫배의 단전으로 내려가고, 아랫배에 있던 차고 시원한 기운은 등줄기를 타고 머리로 올라간다. 내려오는 불과 올라가는 물이 조화를 이루어 몸의 중심이 바로 선다. 명상은 중심을 찾기 위해서 하는 것이다.

보이는 눈 들리는 귀

입산入山

정복의 대상이 아니다. 동양에서는 산을 '오른다'고 하지 않았다. 등산登山이라 하지 않고 입산入山이라 했다. 산을 신성하게 여기고 경배했다. 오늘날에도 입산이라는 말에는 수행의 의미가 강하게 남아있다. 운동하는 마음으로 산을 오르는 것과 자연의 율려와 하나되기 위해 산에 드는 것이 같을 리 없다. 천천히 산에 들거나 산책을 할 때는 자신이 한 폭의 그림 안으로 들어간다는 마음을 가져보라. 살아있는 그림 속을 거닐듯이 걸어보라. 그러면 헉헉거리면서 산에 빨리 오르지 않게 된다. 숨은 저절로 깊어지고 걸음은 느려진다. 걸음 하나하나를 느끼게 된다. 걸음을 한 번 내딛을 때마다 몸의 어느 부위가 움직이고 어느 쪽으로 중심이 이동하는지 느낄 수 있을 정도로 천천히 걷게 된다.

있는 그대로

자연 속에서는 사물을 초점 없이 바라보아야 한다. 그러면 자연이 내뿜는 기운이 느껴진다. 공기 속을 떠다니는 조그마한 빛 알갱이들이 보이고 새 소리가 들리고 물 소리가 들린다. 나무 한 그루, 꽃 한 송이가 아니라 숲 전체를 느끼게 된다. 그냥 부딪혀오는 것을 '있는 그대로' 느껴본다. 무심한 마음으로 보이고 들리는 모든 것을 받아들인다.

기운에 맡기고

자연 속에서는 보는 눈이 아니고 '보이는 눈', 듣는 귀가 아니고 '들리는 귀'를 가져야 한다. 보는 눈, 듣는 귀는 '관념'과 '자기 기준'이 만든 것이다. 보이는 대로 보고 들리는 대로 들으면 편안함을 느끼지만 자꾸만 보려 하고 들으려 하면 머리가 아프고 쉽게 피곤해진다. 마치 단무를 추듯이 모든 것을 기운에 맡기고 자연을 느껴본다. 탁구나 테니스를 칠 때 날아오는 공을 끝까지 보면서 치면 잘 맞는다. 그러나 라켓에만 눈을 고정시키면 공을 제대로 칠 수 없다. 꽃과 나무, 바람과 물… 숲 전체에 마음을 써야지 자기 자신에게 신경을 쓰면 자연을 제대로 느낄 수 없다.

나의 도구

눈만 있다고 사물을 볼 수 있는 것은 아니다. 태양이 없으면 우리는 아무것도 볼 수 없다. 먼지가 없으면 아무리 밝은 눈을 가진 사람이라도 눈뜬 장님이나 다름없다. 공기 속의 수많은 먼지가 빛에 부딪혀 반사되기 때문에 사물을 식별할 수 있는 것이다. 너무 멀고 너무 작고 너무 큰 것은 잘 느껴지지 않는다. 그러나 안 보이고 안 들리고 안 만져진다고 해서 존재하지 않는 것이 아니다. 우리가 알지 못하는 수많은 요소들이 섬세하게 조화를 이룸으로써 비로소 우리는 볼 수 있다. 우리는 눈을 통해서 세상과 연결되어 있고 귀를 통해서 세상의 소리를 듣는다. 코를 통해서 숨을 쉬고 냄새를 맡는다. 눈과 귀와 코를 나의 도구로 느껴본다.

태양 물 바람

보이는 눈, 들리는 귀로 태양과 물 소리와 바람을 느껴본다. 율려 속에서 자연과 어울려 놀아본다. 눈을 감고 태양의 기운을 얼굴에 느껴본다. 태양빛을 받아들여 가슴을 따뜻하게 녹인다. 가슴 깊은 곳까지 녹인다. 숨과 함께 태양빛을 밑으로 끌어내려 아랫배를 천천히 데운다. 눈을 감고 흘러가는 시냇물 소리에 귀기울여본다. 집중하면 소리가 훨씬 커진다. 물 소리를 몸 안으로 흘려보낸다. 병든 몸과 마음을 깨끗하게 씻어 내리도록 세포 깊숙이 그 소리를 녹음한다. 물 소리를 타고 몸이 커졌다 작아졌다…, 몸과 마음을 깨끗하게 헹군다.

율려성

소리는 귀로만 듣는 것이 아니다. 물 소리는 무릎으로 오기도 하고 아랫배로 오기도 하고 위장으로 오기도 한다. 바람 소리, 물 소리, 새 소리… 대자연의 모든 소리가 곧 율려성律呂聲이다. 그 깊은 질서에 자신을 연결하면 물 소리 옆에만 한없이 앉아있어도 시간 가는 줄 모른다. 아무리 좋은 음악도 자연의 소리만은 못하다. 자연의 소리보다 완전한 소리는 없다. 자연과 가까워지면 좋아하는 음악도 달라진다. 복잡하고 화려한 음악, 소란스러운 기계음보다는 단순한 가운데 깊은 울림이 있는 소리를 좋아하게 된다.

물의 미덕

물은 생명의 근원이다. 물이 없으면 어떠한 생명도 존재할 수 없다. 율려인은 물의 미덕에서 많은 것을 배워야 한다. 모래와 시멘트만 있고 물이 없으면 벽돌을 만들 수 없다. 그러나 동시에 물이 완전히 말라버려야 벽돌이 완성된다. 이룬 다음에 물은 떠난다. 자기를 고집하지 않고 흐른다. 율려를 아는 사람은 집착하지 않는다. 할 일이 끝났으면 그 곳에 머물지 않고 더 넓은 우주를 향해 나아간다.

교감

바람이 몸을 때리는 것을 느껴본다. 온 몸의 피부로 자연과 교감을 한다. 부딪쳐본다. 바람을 얼굴에 맞아보고 양손에 맞아보고 가슴에, 무릎에 맞아본다. 바람이 내 몸을 통과하는 것을 느껴본다. 바람이 내 몸을 휘~익 뚫고 지나간다. 율려는 배우고 기억하는 것이 아니다. 바람이 불고 물이 지나간 자리에도 율려가 있다.

묵언하심 默言下心

농부나 어부와 같이 자연 가까이에서 육체적인 노동을 하는 사람들은 대부분 양심적이다. 그러나 말을 많이 하는 직업을 가진 사람들은 사람들을 잘 속인다. 자신의 말에 취해 스스로를 깊이 들여다보지 않기 때문이다. 그래서 옛 어른들은 마음 공부를 하고자 하면 늘 묵언默言하고 하심下心하라고 일렀던 것이다.

율려의 생사관

우리가 눈을 뜨고 귀를 열면 신神은 여러 가지 방법으로 자신의 마음을 전해준다. 모든 자연은 신의 숨결이고 신의 모습이다. 꽃만 지는 것이 아니라 우주에 있는 별도 수없이 사라진다. 우리의 생명이 사라지는 것이 별이 사라지는 것과 무엇이 다른가. 별 하나하나는 사라지지만 사라짐과 동시에 그 에너지는 다른 수많은 별로 이동한다. 율려를 보는 눈이 없는 사람은 떨어지는 별만 볼 뿐 그 별의 에너지가 다른 에너지로 바뀌는 것은 볼 수가 없다. 수많은 생명이 이 세상에 왔다가 사라진다. 그러나 생명은 끝난 것이 아니라 또 다른 많은 생명으로 이동했을 뿐이다. 이것이 율려의 생사관生死觀이다.

생명의 대순환

생명은 영원하다. 수많은 생명이 입으로 들어오고 수많은 생명이 도움을 준 덕분에 인간의 생명이 유지되듯이, 인간이 이 세상을 떠나는 것은 그 빚을 갚는 방법 중의 하나이다. 그러한 의미를 알고 죽음을 맞이하는 사람은 행복하다. 죽는 순간에 죽음 자체만을 보고 공포 속에서 떨다 가는 사람은 얼마나 불행한가. 그러나 나의 생명이 다른 수많은 생명에게로 옮겨지고 있다고 생각하면 생사의 의미는 완전히 달라진다. 그때 죽음은 어둡고 쓸쓸하고 두려운 경험이 아니라 혼의 재탄생이 된다. 우주에서 빌렸던 몸을 되돌려주고 생명의 대순환에 새롭게 동참하는 성스러운 의식이 된다.

천지간

사람들은 보통 우리 생명의 근원이 몸 안에 있다고 생각한다. 그러나 우리의 생명은 하늘에서 왔고 땅에서 왔다. 숨을 쉬고 음식을 먹지 않으면 한 순간도 살아갈 수 없다. 우리의 코로 하늘이 들어오고 입으로 땅이 들어온다. 인간은 하늘과 땅에 뿌리를 박고 피어난 한 송이 아름다운 꽃이다. 음극과 양극이 만나 밝은 불빛을 만들어내듯이 우리의 생명은 천지간의 합작으로 환히 피어나 있는 것이다. 생명의 원리를 관념적으로만 알아서는 아무 소용이 없다. 머리로는 누구나 이해할 수 있는 말이지만 진정으로 느껴 알면 그 간단한 이치가 사무치고 사무쳐서 큰 환희심이 생긴다. 육체의 생명이 다해도 그것이 끝이 아님을 알게 된다. 인간은 천지에서 왔다가 천지로 돌아가기 때문에 생명의 근원을 천지에 두고 사는 사람은 영원히 산다고 할 것이다.

만남

산에서 만나는 들꽃 한 송이도 무심히 지나쳐서는 안 된다. 그 꽃이 나를 맞이하기 위해서 때를 맞추어 거기에 피어났다고 생각해보라. 그 꽃이 나를 기다리고 있었다고 생각해보라. 내가 그 순간, 그 시간과 공간에 존재했듯이 꽃도 그랬다. 같은 시간과 공간을 나누고 있었다. 내가 그 자리를 뜬 후 언젠가 꽃은 질 것이다. 바로 그 순간 내 앞에 피어난 그 꽃은 나와 큰 인연이 있는 것이다. 꽃을 보는 마음으로 매일 사람들과 사물들을 만나보라. 사랑하는 연인들의 만남뿐 아니라 모든 만남은 우연이 아니다. 만남은 바람과 소망의 결과이고 거기에는 어떤 뜻이 담겨있다. 어떤 만남이라도 무심히 지나쳐서는 안 된다. 모든 만남에는 의미가 있고 배움이 있다.

피는 꽃마다 아름답구나

초라한 화단에 엎드려 핀 민들레라서 덜 아름답고 부잣집 담장을 장식한 장미꽃이라서 더 아름다운 것이 아니다. 피는 꽃마다 아름답다. 살아 있는 것마다 빛나고 있다. 존재하는 모든 것들은 다 하나로 연결되어 있다. 무엇인가에 관심을 기울이는 순간 그것은 내 가슴에 다시 돌아와 뿌리를 내린다.

동반자

인간에게 생사가 있듯이 꽃에도 생사가 있다. 꽃도 피고 지고 또 열매를 맺는다. 꽃과 우리는 큰 우주 속 법칙의 동반자들이다. 우리는 율려라는 큰 생명의 질서 속에 함께 있는 것이다.

생명의 참 의미를 자각한 삶

이기심

성당이나 교회, 혹은 절에서 기도나 명상을 할 때는 누구나 성스럽고 아름답지만 그 곳을 벗어나면 마음은 다시 황량해지고 만다. 왜냐하면 이기심을 극복한 것이 아니라 이기심의 철창 속에서 잠시 아름다운 그림책을 보고 나온 것이기 때문이다. 그 속에서 자비를 이야기했고 사랑을 이야기했기 때문이다. 그 동안의 종교는 사람들을 큰사랑으로 이끌었다기보다는 개인의 이기심을 부추기는 쪽으로 흐른 측면이 많다. 우주의 섭리와 법칙에 눈뜨게 하고 삶 속에서 그것을 실천하도록 안내한 것이 아니라 개인적인 기복과 교리에 의한 관념을 가르쳤기 때문이다.

신성

진리에 대한 소망을 선가仙家에서는 인간에게 내재한 신의 속성, 즉 신성神性의 증거라고 말해왔다. 비단 선도 수련뿐만이 아니다. 모든 종교와 수행법은 그런 믿음과 전제로부터 출발한다. 그러나 우리는 그 소망을 실현시키기 위한 과정에서 지름길을 버려둔 채 돌아오는 먼 길을 선택해왔다. 신앙을 통해서 신을 극진히 모시기만 했을 뿐 우리 가슴속에서 고동치는 신성의 울림에는 귀를 기울이지 않았다. 종교의 힘은 놀라운 것이어서 자비와 사랑으로 이 세상을 아름답게 수놓기도 했지만 오도된 신앙으로 자기만의 신을 만들고 그 신만을 옳다고 움켜쥠으로써 싸움을 일으키고 사랑이라는 이름으로 인류에게 깊은 상처를 남기기도 했다.

신神이 밝은 사람

선가에서는 분열의 시대에 조화의 문화를 창조할 수 있는 사람은 신앙인이 아니라 신인神人이라고 말해왔다. 신神이 밝은 사람은 진리가 하나인 것을 알기 때문이다. 하늘과 땅이 하나이고 너와 내가 하나인 것을 경전을 통해서가 아니라 감각으로 느낄 수 있으면 원수를 내 몸같이 사랑하는 것이 너무나 자연스러운 일이 된다. 숨을 깊이 쉬어본 사람은 안다. 방금 내 몸 속에 들어와 더운 피를 타고 흐르던 공기가 바로 옆 사람의 가슴으로 흘러들어가고 방금 내 옷자락을 흔들고 간 바람이 어느 낯선 이의 코끝을 간지럽힌다. 우리는 한 하늘과 땅에 뿌리를 박고 피어난 한 송이의 아름다운 꽃이다.

나

성경에는 "나는 길이요 진리요 생명이니 나를 통하지 않고는 하늘 나라에 갈 자가 없느니라", "나는 아브라함이 태어나기 전에도 있었다"는 구절이 나온다. 여기서 말하는 '나'를 어떻게 해석하느냐에 따라 우리는 신앙인으로 머물 수도 있고 신인을 지향할 수도 있다. 예수가 말한 나의 실체는 과연 무엇인가? 예수가 말한 나는 십자가에 못 박힌 예수님 자신을 지칭하는 것이 결코 아니다. 그때의 나는 자아이고 인간의 신성인 동시에 모든 생명을 존재하게 하는 우주의 원리이자 법칙이다. 예수는 스스로를 '독생자獨生子'라고 말했는데 이것도 내가 하느님의 유일한 아들이니 나만을 따르라는 것이 아니라 유일무이한 하느님의 정신을 강조한 것이다.

무시무종無始無終

정신의 실체, 곧 진리는 오직 하나이며 둘일 수가 없다. 이를 부처는 '천상천하天上天下 유아독존唯我獨尊'이라고 말했다. 성경에서는 나를 '알파요 오메가'라고 노래했으며 우리 민족의 3대 경전 중의 하나인 천부경에서는 '무시무종無始無終', 참전계경參佺戒經에서는 '무소부재無所不在'라 하여, 시작도 없고 끝도 없으며 존재하는 모든 것에 두루 꽉 차 있다고 보았다.

하느님의 정신

일찍이 우리 선조들은 사람 몸 속에 있는 하느님의 정신이야말로 현묘하고 완벽한 진리의 실체임을 간파했다. 그래서 우리 안에 있는 신성을 확실히 알고 그것을 발현시킬 수 있는 원리와 방도를 제시한 것이 이 땅의 선도문화였다. 인류 역사 속에서 깨달은 모든 분들은 그 정신의 핵에 도달한 사람들이다. 그러나 그 정신은 예수님이나 부처님에 의해서 새롭게 창조된 것이 아니며 그 분들의 삶 이전에 하나의 실체로서 이 세상에 존재하고 있었던 것이다.

참정신

우리 안에도 하느님의 정신이, 신성이 숨쉬고 있다는 깨달음은 얼마나 위대한 발견인가. 그러나 사람들은 그것을 인정하지 않거나 하늘로부터 선택받은 특별한 사람들에게나 의미 있는 것이라고 여기며 체념한 채 살아간다. 간혹 하느님의 정신으로 산다고 자부하는 이들도 있지만 가만히 살펴보면 그들이 말하는 정신은 무슨 주의네, 무슨 주의네 하는 관념일 경우가 많다. 그런 관념은 시대에 따라, 환경에 따라 바뀌는 것이지만 참정신은 시작부터 끝까지 영원히 변하지 않는 그 무엇이다.

체득

성인들은 모두 인간의 몸으로 태어나 우리보다 먼저 자기 안의 신성을 발견할 수 있는 감각을 회복한 이들이다. 그렇기 때문에 우리는 그들을 안내자로 따르는 것이다. 어떤 성인도 깨달음을 종교적 교리와 동일시한 적이 없으며 진리를 자신의 몸으로써, 자신의 감각으로써 체득할 것을 강조했다.

부처님은 "도道를 내 몸 밖에서 구하면 수천 금을 주어도 이룰 수 없다"고 했으며 소크라테스는 "너 자신을 알라"고 설파했다. 공자는 "너의 몸 속에 모든 법칙이 들어있으며 너의 몸이 우주의 축소판"이라고 강조했다. 자기 심장의 고동 소리, 그 자연의 에너지를 느끼지 못하는 사람이 깨달음을 얻고자 하는 것은 돌장승이 아이를 가지기를 소원하는 것과 다를 바가 없다.

용신用神

우리 몸에 진리가 약동하고 있으며 신성이 빛나고 있다는 확신이야말로 용신用神의 출발점이다. 신성의 존재를 믿지 않는 사람이 그것을 활용할 수는 없기 때문이다. 용신의 의미를 알게 되면 왜 성철 스님이 "기독교인은 예수를 죽여라. 불교 신자는 부처를 죽여라." 하고 말했는가를 이해하게 된다. 그때 가면 모든 종교가 인간 신성의 서로 다른 표현일 뿐 결국 하나임이 분명해지며 인류는 그 평화의 한마당에서 진정 하나가 될 수 있다.

하느님의 마음

원래 탁구나 배구를 처음 가르칠 때는 정석대로 하지 않으면 안 된다고 가르친다. 그러나 기초 과정이 끝나면 탁구채를 이렇게 잡을 수도 있고 저렇게 잡을 수도 있다. 그때는 잘 치는 것이 중요해지기 때문이다. 언제까지 우리는 배우기만 할 것인가? 이제 하느님의 마음으로 살아야 되지 않겠는가. 언제까지 하느님의 마음을 모시기만 할 것인가? 이제 모든 살아있는 가슴속에서 하느님을 발견하고 우리도 그 하느님의 마음을 마음껏 꺼내 써야 하지 않겠는가.

창조의 놀이

우리는 신神의 속성을 잘 알아야 한다. 신은 시기하고 분노하고 질투하지 않는다. 인간을 지배하지 않는다. 참다운 신은 사랑의 신이고 평화의 신이며 무한한 창조의 신이다. 신은 자신을 향해서 찬양과 찬미를 올리라고 하지 않는다. 인간이 애써 신에게 영광을 돌리지 않아도 무한한 자기 기쁨 속에서 끊임없는 창조의 놀이에 몰두할 뿐이다. 그 창조의 놀이가 율려로 표현되는 것이다. 신은 우주를 창조하고 주관한다. 지구를 돌리고 달을 빛나게 하며 지금 이 순간에도 우리의 심장을 뛰게 한다. 신은 모든 만물에게 생명을 주지만 생명을 지배하려 하지 않는다.

신은 원리이고 법이며 율려이다. 분노하고 질투하는 인격적인 그 무엇이 아니다.

무정 無情

신은 무정無情하지만 만물을 생生한다. 그 무정함 속에 공평함과 무한한 자비가 있다. 인간은 신에게 인정人情을 기대하고 매달리지만 신은 무정한 법칙으로, 율려로 존재할 뿐이다. 많은 사람들이 인정 많은 신을 그리워한다. 그러나 그것은 집착을 버리지 못하는 우리 인간이 짝사랑하는 신의 모습일 뿐이다. 겨울이 되면 아무런 미련 없이 그 동안 누리던 온갖 풍요와 거느리던 숱한 생명들을 훌훌 털어버리는 자연의 무정함, 그것이 진짜 신의 모습이다. 그것이 진짜 큰사랑이다. 그 무정함 가운데 새 움이 트고 꽃이 피는 봄이 자라고 있는 것이다.

신의 속성

그 동안 신은 잘못 알려져 왔다. 지배와 정죄定罪, 분노와 질투는 신의 진정한 속성이 아니다. 인간이라는 거울에 비친 신의 모습일 뿐이다. 종교이기주의가 시기하고 분노하고 질투하는 신을 창조했다. 그렇게 해서 생긴 종교 간의 갈등과 싸움은 인류역사에 지울 수 없는 오점을 남겼으며 아직까지도 해결하지 못한 인류의 숙제로 남아 있다.

죄의식

르네상스 시대 이후 인간의 합리적인 사고와 이성에 중심을 둔 이른바 인본주의 문화가 꽃을 피웠다. 인본주의는 몇 백 년 간 인류문명 발전의 원동력이 되어왔다. 그러나 신에게서 떠나 마음껏 자유와 쾌락을 즐기던 인간들도 마음 깊은 곳에서는 신에 대한 죄의식으로 괴로워하고 있다. 편리와 풍요를 누리는 대신 인간의 마음은 황폐해졌고 생명의 뿌리인 공기와 물과 자연은 깊이 병들었다. 인류 전체가 신과 인간의 참속성을 알아야 한다. 그것은 경전이나 교리, 종교 지도자의 거창한 가르침 속에 있는 것이 아니다. 각자의 내면 속에 깊이 침잠해서 사랑과 조화와 화합의 신을 가슴 깊이 느껴보아야 한다. 허공에서 추상적으로 맴도는 신, 말 속에 들어있는 신이 아니라 인간의 생명 속에 함께 숨쉬는 살아있는 신을 만나야 한다. 더 이상 인간과 신이 분리되어서는 안 된다. 인간 안에서 신과 인간이 하나로 만나야 한다. 이것이 바로 신인합일神人合一의 문화이다. 인간에게서 멀리 떨어진 신을 찾아 기도할 것이 아니라 인간의 본성이 곧 신성神聖임을 발견해야 한다.

인중천지일 人中天地一

우리 민족의 경전인 천부경天符經에서는 '인중천지일人中天地一'이라 하여, 사람 안에서 하늘과 땅이 하나로 만나는 이치를 노래하였다. 신의 속성을 구현하는 인간이 바로 신인간新人間이며 신인간만이 참율려를 알 수 있다. '보일 시示' 자 옆에 '날 일日' 자를 쓰고 한 획으로 날 일日 자를 꿰뚫은 것이 바로 신神이다. 신은 태양과 같이 밝게 꿰뚫어보는 것이다. 우리 조상들은 신을 믿은 것이 아니라 자신 안에 있는 신을 밝히는 문화를 가지고 있었다. 흔히 곰이 변하여 웅녀가 되었다는 내용 정도로만 알고 있는 단군신화가 바로 신을 밝히는 이야기, '신인합일'의 상징적인 이야기이다. 한웅은 웅녀와 호녀에게 쑥과 마늘만을 준 것이 아니다. 한웅은 그들에게 지감止感, 조식調息, 금촉禁觸이라는 우리 민족 고유의 수행법을 알려주었다. 지감은 감정의 움직임에 동요됨이 없이 마음을 맑고 고요하게 가지는 것이다. 조식은 숨을 고름으로써 마음과 기운을 조절하는 과정이다. 금촉은 외부의 온갖 감각으로부터 자신을 차단시키고 깊은 무의식 상태에 드는 수행법이다. 감정을 멈추고 깊은 호흡을 통하여 자기 안의 신성을 발견하도록 한 것이다.

생명을 '알다'

예수나 부처는 신을 믿은 사람들이 아니다. 그들은 우주의 생명을 '믿은' 것이 아니라 '알았다'. 어리석은 사람은 신을 섬기고 지혜로운 사람은 신을 활용한다. 우리의 머리 속에는 '한'에서 나온 '얼'이 내려와 있고 우리의 몸에는 신령스러운 기운이 감돌고 있다. 원리를 신앙하지 않고 원리를 파헤쳤던 구도자들에 의해서 인류문명은 발전해왔다. 도를 통했다고 잘난 체하는 사람들에 의해서 인류의식이 진화한 것이 아니다. 요즘 사람들은 신을 키우지 못한 채 기억력만 발달시킨다. 아무리 많은 지식을 가지고 있고 많은 것을 배웠다 해도 신은 저절로 커지지 않는다.

고치 치는 시간

우리는 지금 몸 속에 갇혀있고 관념 속에 갇혀있다. 갇혀있는지도 모르는 채 갇혀있다. 어떻게 해야 몸 속에 갇혀있는 우리의 신성을 찾을 것인가. 삼대독자 외아들을 잃어버린 홀어머니가 아들을 찾는 심정만큼이나 간절해야 한다. 그럴 때 비로소 합일合一을 기대할 수 있다. 신인합일의 길은 강증산姜甑山도 비유한 바 있듯이 누에가 나비가 되는 과정과도 같다. 뽕잎을 먹는다고 누에가 절로 나비가 되지는 않는다. 누에는 어느 정도 뽕잎을 먹고 나면 잠을 잔다. 잠을 자면서 껍질을 벗는 과정을 몇 번 반복한다. 그런 다음에야 고치를 친다. 고치를 치는 것은 바깥세상과의 단절이요, 내부 의식세계로 들어가는 일이다. 세상의 온갖 욕망과 자신의 감정으로부터 벗어나 오직 수행에만 몰두하는 것이다. 내부 의식세계와 대화를 나누는 것이다. 그렇게 해서 비로소 한 마리의 나비가 탄생한다. 율려를 회복하는 과정도 누에에서 나비가 되기까지의 과정과 같다. 고치를 치는 시간은 수행하는 시간이다. 정신을 키우기 위해서는 천지기운과 천지마음으로 고치를 치는 시간을 가져야 한다. 이러한 과정을 통해서 우리는 존재하는 모든 것이 생명이라는 나무에 핀 각각의 꽃임을 알게 되고, 모든 것이 하나이면서 동시에 각기 다른 장엄한 세계를 볼 수 있게 되는 것이다.

율려와 만날 때 자기 삶의 목적이 무엇인지에 대한 참다운 자각이 이루어진다. 아침 햇살에 어둠이 물러나듯 모든 번민과 고뇌가 저절로 사라진다. 그때서야 비로소 생명의 참의미를 자각한 새로운 인간, 신인간으로 다시 태어난다.

사람 안에 율려가 있네

초판 1쇄 발행 1999(4332)년 12월 5일
개정판 4쇄 발행 2012(4345)년 4월 26일

지은이·이승헌
펴낸이·심정숙
펴낸곳·㈜한문화멀티미디어
등 록·1990. 11. 28. 제 21-209호
주 소·서울시 강남구 논현2동 277-20 논현빌딩 6층 (135-833)
전 화·영업부 2016-3500 편집부 2016-3533 팩스 2016-3541
http://www.hanmunhwa.com

만든 사람들
책임편집·이미향 | 디자인·이정희

ⓒ이승헌, 2007, Printed in Seoul, Korea

ISBN 978-89-5699-141-2 03810

잘못된 책은 본사나 서점에서 바꾸어 드립니다. 저자와의 협의에 따라
인지를 생략합니다. 본사의 허락 없이 임의로 내용의 일부를 인용하거나
전재, 복사하는 행위를 금합니다.